悦山读海 智见未来

——幼儿园海纳教育的理念与实践

邵钰芹 等 著

中国农业出版社
北 京

图书在版编目（CIP）数据

悦山读海　智见未来：幼儿园海纳教育的理念与实践 / 邵钰芹等著. -- 北京：中国农业出版社，2025. 3. -- ISBN 978-7-109-33126-6

Ⅰ. G612

中国国家版本馆 CIP 数据核字第 2025EM7516 号

悦山读海　智见未来——幼儿园海纳教育的理念与实践

YUESHANDUHAI　ZHIJIANWEILAI——YOUERYUAN HAINA JIAOYU DE LINIAN YU SHIJIAN

中国农业出版社出版

地址：北京市朝阳区麦子店街 18 号楼

邮编：100125

责任编辑：马英连

版式设计：杨　婧　　责任校对：张雯婷

印刷：中农印务有限公司

版次：2025 年 3 月第 1 版

印次：2025 年 3 月北京第 1 次印刷

发行：新华书店北京发行所

开本：700mm×1000mm　1/16

印张：9. 5

字数：190 千字

定价：78. 00 元

前言

办园思想是幼儿园的办园之魂。对于一所幼儿园而言，办园思想是引领方向的旗帜，是保教工作的行动纲领，是构建课程体系、彰显教学特色、完善管理制度的核心价值观，具有强大的凝聚与号召力量。

在确定办园思想时，应充分尊重园所的历史积淀和特色。每一所幼儿园都有其独特的文化土壤和教育传统，这是办园思想的根基。同时，还应积极响应时代的发展要求，不断吸收新的教育理念和教学方法，以适应不断变化的社会和教育环境。

苏霍姆林斯基曾深刻指出："教育的真正目标应当是塑造一个全面和谐发展的人。"这句话深深地烙印在我们的心中，成为我们办园思想的重要指引。我们坚信，教育的本质绝不仅仅是单纯的知识传授，更在于引导孩子们实现全面、和谐的发展，培育他们具备高尚的品德、卓越的智慧、强健的体魄以及良好的艺术审美，使他们在未来的人生道路上能够自信、独立、富有创造力地应对各种挑战。

一、九龙湾幼儿园基本情况

九龙湾幼儿园位于威海经济技术开发区香港路三号，是一所全日制公办幼儿园。2018 年正式开园，2019 年被教育部评为全国首批足球特色幼儿园，2021 年被评为教育部首批足球特色示范园，2022 年被评为省级规范化幼儿园。

依托九龙湾海域环抱的地理环境，园所确立了"悦海育心　本真发展"的办园理念，以打造"蓝色海洋科技幼儿文化基地"为发展方向，以"面向未来的中国人"为培养目标，通过"立身、立德、立智"园本课程内容，培养儿童健全的身体、创造的能力、服务的精神、合作的态度和世界的眼光。

在确定办园思想的过程中，我们始终坚守“海纳教育”的核心理念，充分尊重每个孩子的个性差异，密切关注他们的成长需求，努力打造一个充满关爱与尊重的教育环境，让每个孩子都能在这里得到充分的关注和培养，实现自身的全面发展。

在园所的发展历程中，我们经历了教育管理规范年、特色项目建构年、园本课程推进年、悦纳文化凝练年、质量提升攻坚年等多个阶段。每个阶段都留下了我们奋斗的足迹，也见证了我们的成长与蜕变。

海纳教育理论与实践体系的发展与成熟，既得益于园所文化的积淀，也得益于园所教研的不断推进。我们成功完成了市级课题“全环境支持的智玩课程的实践与研究”和省级课题“构建‘家园协同教育’学习共同体的实践与研究”，并启动了多项重要研究项目。这些课题为我们提供了宝贵的经验和参考，也推动我们的教育教学工作不断向前发展。

二、九龙湾幼儿园的机遇与挑战

九龙湾幼儿园海纳教育的发展定位与分析，是在深入剖析九龙湾幼儿园的办学条件、师资队伍、课程建设、家长资源及社区资源的基础上，运用 SWOT 分析法，全面评估其内在优势与局限、外部环境所带来的机遇与挑战，确保了海纳教育发展的准确性与前瞻性。

（一）发展优势

在办园条件方面，我园具备三大显著优势。一是作为一所公办幼儿园，我们拥有完善的制度与管理体系，为幼儿的成长提供了坚实的制度保障。二是幼儿园地处九龙湾海域，不仅拥有优美的环境，而且积淀了深厚的历史底蕴，这为幼儿提供了独特的学习与成长环境。三是我园在威海经济技术开发区学前教育领域处于领先地位，积极发挥示范引领作用，带动周边乃至整个片区的学前教育发展。

在师资队伍建设方面，我们具备显著的优势，具体表现为：我们汇聚了一支忠诚于教育事业、品德高尚、热衷于教育研究的优秀教师队伍。在学历层次上也有着明显的优势，一线教师普遍拥有本科及以上学历，为教育教学工作提供了坚实的师资保障。在课程建设方面，我们充分利用幼儿园优越的地理位置和丰厚的地域文化的优势，积极整合社区文化资源，注重家园社共育，为幼儿提供多元化的学习体验。

在家庭和社区层面，其显著优势体现在家长群体的整体素质水平上。园内家长普遍具备较高学历，因此他们对孩子成长的期望值也相对较高。

同时，这也使得他们对幼儿园的管理、教学及教师素质的总体要求更为严格。

（二）发展局限

关于办园条件方面存在的局限，主要表现为幼儿园建园时间尚短，仍需不断完善和优化各项设施与条件。

在师资队伍方面，近年来，新教师数量逐年递增，他们的教育教学能力尚处于提升阶段，相对较为薄弱。同时，教师之间的成熟度差异显著，部分教师存在满足于现状的倾向，缺乏深入研究课程的主动性和积极性。虽然老教师具备丰富的教育经验，但在接受和践行新课程理念方面，速度相对较慢。

在课程建设的进程中，教师的课程领导力尚显薄弱，未能在课程建设的多个维度上形成广泛而深入的认识与共识。在制度保障方面，课程思想力尚需实现从成人视角向儿童视角的深刻转变，以推动课程设计力由传统的预设模式向创新生成模式的转型升级。此外，课程执行力与课程评价力仍需进一步强化。

在家庭和社区环境中，当今家长所面临的挑战日益严峻。一方面，受限于繁重的工作负担，家长们在孩子的教育和陪伴方面往往难以全力以赴，这无疑提升了家庭教育的实施难度；另一方面，家庭教育观念的差异性在一定程度上增加了家庭教育的复杂性，导致家长们在应对各类教育问题时深感困惑与迷茫。

（三）发展机遇

在办园条件方面，随着国家对学前教育的高度重视和大力支持，幼儿园得到了更多的政策支持和资源保障。

在教职工队伍培养方面，远程研修、智慧云教育平台等为教师提供了丰富的学习资源。同时，在信息化时代的大背景下，教师可将自身的教学心得、教育理念与实践经验，通过公众号、视频号等平台进行分享，增加了交流互鉴的机会。

在课程建设方面，我们积极依托专家的引领和指导，对园本课程进行修订与创新，以优化园本课程内容与结构，提升教师的课程领导力素养。

（四）发展挑战

虽然海纳教育体系正在逐步成熟和完善，但海纳教育的发展仍面临以下几个方面的挑战。

在师资队伍方面，教师队伍的专业化水平还需提升；如何有针对性地制订适合每个教师成长的培训方案？如何激发每个教师的潜质？教师各方面压力大，倦怠感时有表现，心理健康问题不容忽视。

在课程建设方面，建设一套有海洋特色、有发展性和国际视野的园本课程还有很长的路要走；园本课程建设处于转型阶段，需要从理论到实践的系统研究与建构。

在家庭和社区方面，如何更好地挖掘家长资源，为孩子发展营造更好的条件与环境？如何发挥家委会的带动引领作用？如何整合资源，把“资源”变为课程？以上这些问题都是未来需要面对和解决的问题。

三、结束语

本书共分为五章，以九龙湾幼儿园海纳教育办园思想为核心，以园本课程建构与实施为主要内容，全面呈现幼儿园保教工作整体脉络与内容。我们希望本书能够为一线幼教工作者提供翔实的参考和借鉴，共同推动幼儿教育事业的发展。

最后，感谢参与本书各章节梳理写作的老师们，感谢王艺萌、侯小丽、孙韶华、肖星星、刘晓华、赵媛媛、宋玮参与撰写，以及九龙湾幼儿园的老师们提供一线宝贵经验和典型案例。由于编者水平有限，不足之处敬请广大读者批评指正！

著　者

2024年9月于山东威海

目录

前言

第一章　海纳教育概述 …… 1

第一节　海纳教育的起源与内涵 …… 1

一、海纳教育的起源 …… 1

二、海纳教育内涵解读 …… 2

第二节　海纳教育的核心价值观 …… 4

一、办园理念：悦海育心　本真发展 …… 4

二、园训：爱与平等，自由与规则 …… 4

三、园标 …… 4

四、海纳环境：打造全环境游戏乐园 …… 4

第三节　海纳课程的目标与内容 …… 13

一、海纳课程的培养目标：面向未来的中国人 …… 13

二、海纳课程体系 …… 14

第二章　海纳课程之立身——海之魄 …… 15

第一节　海纳小战士之“阳光食育课程” …… 15

探究式课程：我们的“菇”事 …… 15

第二节　海纳小战士之“小鬼当家”课程 …… 25

一、指导思想 …… 25

二、实施原则 …… 25

三、课程理念 …… 26

四、课程目标 …… 27

五、课程内容 …… 27

六、各年龄班课程标准 …… 29

七、课程实施 …… 35
第三节 海纳小战士之“飞跃童年”体适能 …… 45
蔚蓝足球宝贝行动计划 …… 45
第三章 海纳课程之立德——海之魂 …… 58
第一节 筑梦海魂之“童心向党”课程 …… 58
一、课程价值 …… 58
二、主题式探究课程案例：我是勇敢小小兵——微军训时光记 …… 59
第二节 筑梦海魂之“童绘趣玩”课程 …… 71
一、童绘阅读，悦享童年 …… 71
二、小小演说家，巧言善辩 …… 73
三、多彩图文，妙笔生花 …… 75
第三节 筑梦海魂之“童眼看中国”课程 …… 80
红色研学主题课程：博物致知，悦然育心 …… 80
第四章 海纳课程之立智——海之韵 …… 96
第一节 探秘深蓝之“海洋世界” …… 96
探究式课程：深海精灵——水母 …… 96
第二节 探秘深蓝之“智动空间” …… 111
大班案例：原来数学可以这样玩 …… 116
第三节 探秘深蓝之“百艺工坊” …… 120
探究式课程：水墨印象 …… 121
第五章 海纳团队，共守海纳教育根基 …… 135
第一节 海纳教师——用诗心和匠心成就教育之美 …… 135
一、师德有味，助推队伍精神内核 …… 135
二、科研知味，助推教师专业素养 …… 135
三、学习品味，助推队伍持续发展 …… 139
四、故事寻味，助推队伍内涵建设 …… 139
五、我的滋味，助推队伍自我发展 …… 139
第二节 海纳家园——办人民满意的教育 …… 140
一、家长学校实施卓越父母养成工程 …… 140
二、家委会启动多元化的家园社共育项目，激活家长的教育潜能 …… 142

第一章

海纳教育概述

第一节　海纳教育的起源与内涵

一、海纳教育的起源

（一）源于对幼儿园独特地理位置的思考

山东，一块承载着千年文明的土地，被誉为孔孟之乡。这里人文底蕴深厚，历史遗迹星罗棋布。威海，一个位于山东半岛东部的美丽城市，拥有900多公里长的黄金海岸线，是全国海岸线最长、沿海地域特征最丰富的城市之一。这里既有秦始皇东巡的传说，也有甲午海战的悲壮历史。九龙湾幼儿园坐落于威海这座美丽的海滨城市，环抱九龙湾海域，拥有得天独厚的自然环境。我园将传统文化与地域文化相融合，提出海纳教育，以推动文化传承与创新发展。我们认识到，正如大海能够包容万物，我们的教育也应当像大海一样，包容每一个孩子的个性，尊重他们的差异，给予他们广阔的发展空间。

（二）课程进阶的结果

自2008年开园至今，我们的海纳文化定位经历了四个阶段：活动、项目、课程和文化取向。2018年，开展班级海洋教育主题活动。2019年，启动小海军体适能项目，其中蔚蓝宝贝足球特色被评为教育部首批全国足球特色幼儿园和足球特色示范园。2020年，海洋科技特色的智玩课程课题成功结题，并启动幼儿学习品质培养的入学准备课程实践与研究课题。2021年至今，逐渐由海防教育特色提升为海纳课程，并逐渐形成海纳文化。

（三）源于对儿童培养的终极思考

做课程的根本目的是培养儿童。海纳百川，有容乃大，海纳文化引领下的教育样态是什么样子的呢？这引发了九龙湾人的思考：为谁培养人？如何培养人？培养什么样的人？我们坚持实施“海纳教育”，致力于培养具有宽广胸怀、开阔视野、创新精神的现代中国人。我们鼓励孩子们勇于探索、敢于创新，让他们在幼儿园的学习生活中，不仅能够获得知识，更能够培养自信、独立、富有创造力的品质。我们坚信，这样的教育理念和教育方式，将为孩子们的未来发展奠定坚实的基础，使他们在面对各种挑战时都能够自信应对、勇往直前。

以上三点是我们园本文化生发的背景。海纳教育的每一个阶段都为后一阶段的发展奠定了基础；每一个阶段又是前一阶段实践积累到一定程度后的自然延展和丰富。

二、海纳教育内涵解读

“海纳百川，有容乃大”，作为海纳教育的核心理念，我们称其为“海纳思想”。在海纳思想的引领下，我们致力于构建一个充满爱与自由的成长环境。我们尊重孩子的天性，给予他们足够的空间去探索、去尝试、去创造。我们鼓励孩子表达自己的观点和想法，培养他们的独立思考能力和创新精神。同时，我们也注重培养孩子的规则意识和平等观念，让他们学会在集体生活中相互尊重、和谐相处。

（一）海纳教育的文化内涵

1. 海洋的特质

“海”不光代表浩瀚无垠的水域，更蕴含着深邃、包容与无尽的可能。人类的生命来自海洋，人类的文化起源于海洋。海洋占据地球表面的71%，总面积约3.6亿平方千米，堪称地球上最为丰富的“宝库”。

海洋的浩渺与壮观、变幻莫测与自由奔放、深邃奥秘与无穷无尽，都使得它成为力量与智慧的象征与载体。考古资料表明，早在旧石器时代，我国沿海地区就已留下了人类活动的印记。从公元前3世纪至公元15世纪，我国古代航海业和航海技术始终处于世界领先地位。古人亦留下了诸多描绘海洋的诗词佳句，如“海不辞水，故能成其大”“长风破浪会有时，直挂云帆济沧海”“海上生明月，天涯共此时”“海纳百川，有容乃大”“不积跬步，无以至千里；不积小流，无以成江海”等，足见海洋在中华文化中的重要地位与深远影响。

2. 海纳教育的文化属性

“海纳百川”最早出自晋代袁宏《三国名臣序赞》：“形器不存，方寸海纳。”唐李周翰注：“方寸之心，如海之纳百川也，其言包含广也。”“有容乃大”则出自《尚书·君陈》：“尔无忿疾于顽。无求备于一夫。必有忍，其乃有济。有容，德乃大。”

“海纳百川，有容乃大；壁立千仞，无欲则刚”，是清末名臣、民族英雄林则徐任两广总督时在总督府衙题书的堂联、自勉联，意思是大海因为有宽广的度量才容纳了成百上千的河流，高山因为没有钩心斗角的凡世杂欲才如此的挺拔。上下联的最后一字“大”与“刚”，意思是说，这种浩然之气，最伟大、最刚强，表明了作者至大至刚的浩然之气。这种“海纳百川”的胸怀和“壁立千仞”的信念，来源于“无欲”。这样的气度和“无欲”情怀以及至大至刚的浩然之气，正是中华民族厚德载物、和合共生的精神体现。

（二）海纳教育的教育内涵

1. 筑梦深蓝——海洋强国梦

随着经济全球化的加速，海洋的战略地位愈发重要，海洋生态、环境、资源、军事、经济等方面均展现出前所未有的重要性。我们需要深刻认识并理解海洋，积极培养对海洋的热爱之情，并致力于海洋事业的建设与发展，实现海洋强国梦。

作为一个拥有漫长海岸线的国家，我国面临着来自海上的多重威胁。拥有强大的海防力量，不但是维护国家安全的必要手段，更是实现海洋强国梦想的基石。建设海洋强国是实现中华民族伟大复兴的重大战略任务。经略海洋、筑梦深蓝这一战略思想对于国家的长远发展至关重要，同时也为幼儿园教育工作者提供了宝贵的启示和指引。

“筑梦深蓝”这一理念，深刻体现了我们对于探索、认识、利用和保护海洋的坚定信念与不懈追求。我们要从中汲取智慧与力量，将这一战略思想融入日常教育实践中。

2. 海纳教育——育人教育观

海纳教育作为我们的教育观，其核心价值在于尊重每一个孩子，接纳每一个孩子的独特性。

在“世界特殊需要教育大会”上，联合国教科文组织倡导全纳教育理念，强调尊重个体差异、激发主动参与、培育合作精神，并关注孩子的全面发展。山东是孔孟之乡，孔子早在两千多年前就提出“因材施教”与“有教无类”的教育理念，强调教育应该因材施教、因人而异，并倡导教育公平。1988 年，诺贝尔奖得主汉内斯·阿尔文曾这样赞誉：人类要生存下去，就必须回到 25 个世纪以前，去汲取孔子的智慧。这两种教育智慧，既体现了对个体差异的尊重，又彰显了教育公平的理念，为我们构建现代教育思想架构提供了宝贵的启示。

每个孩子都是独一无二的个体，都拥有自己独特的光芒。教育的目的并非培养千人一面的复制品，而是引导每个孩子发掘自身潜能，成为最好的自己。这与我们九龙湾幼儿园名字的寓意不谋而合，龙生九子，各有不同，正如海纳百川一般，我们的幼儿园也是一个汇聚多元文化的大家庭，每个孩子都是这条湾流中独一无二的个体。每当小班新生入园时，幼儿园都会组织一次探秘园所九条龙的寻访之旅，让孩子们更好地了解、认识和热爱幼儿园。

我们的教育就是让幼儿“做最好的自己”。不能成为汪洋浩瀚的大海，那你就做欢快清澈的小溪；不能成为娇艳美丽的鲜花，那你就做青翠欲滴的绿叶；不能成为展翅翱翔的雄鹰，那你就做飞得最好的那只小鸟……记住，你永远是你，任何人都不能替代你。做你自己，其实最好！

第二节　海纳教育的核心价值观

海纳教育的核心价值观具体体现在幼儿园所秉持的办园理念、园训、园风、教风、学风、办学特色、培养目标及园标等多个层面。这些代表着精神文化的形象标识，是对园所“海纳文化”的深刻概括，它们凝聚了全体教职工的理想、信念、价值观和奋斗方向，是园所持续努力与不懈奋斗的内在精神动力。主要体现在以下几个方面。

一、办园理念：悦海育心，本真发展

以威海富于地域文化特色的山海文化为支点，我们确立了“悦海育心　本真发展”的办园理念。悦海体现了知海、爱海、亲海的三个层次，让师生与历史对接，与世界对接，与未来对接；育心是让孩子拥有来自历史的底气，面向未来的信心；本真发展，是指尊重每个孩子的个性和成长规律，教育要有远见而不是看近功，助力孩子养成良好的习惯与学习品质，为终身发展奠定基础。

二、园训：爱与平等，自由与规则

园训是我们园所文化的核心，它体现了我们对教育的执着追求和对孩子们深沉的爱。我们坚信，爱是教育的基石，平等是教育的灵魂，自由是孩子们成长的土壤，规则是孩子们行为的准则。我们致力于营造一个充满爱与平等的环境，让孩子们在自由与规则中快乐成长，共同建设一个和谐美好的幼儿园。

三、园标

九龙湾幼儿园的园标的设计灵感源自全面发展的教育理念。我们将中国传统文化与园名中契合的“龙”作为核心元素，象征幼儿园中茁壮成长的“小龙娃”。五片花瓣代表五大领域，寓意着五育并举的育人模式，还象征多元、开放和包容的教育氛围。绿色、紫色、红色三个色系则代表家园社三方协同育人的理念（图1）。

图1

四、海纳环境：打造全环境游戏乐园

我们将中国故事元素植入幼儿园园所文化设计，希望通过环境的浸润，把中国文化的精髓带给幼儿，培养幼儿具有中国人的审美。“北冥有鱼，其名为鲲。化而为鸟，其名为鹏。”每一处儿童空间都用梦幻的场景表达出来：

如混沌上升，天空中飘着白云，日月星辰穿梭于大地万物间。海天之间，孕育出了一朵大贝壳，听着鸟儿歌唱，听着海浪的拍打声。每个孩子都是一条自由的小鱼，在爱的滋养下，他们从懵懂无知到蹒跚学步，从自由奔跑到翱翔天空，在星辰与大海间闪耀光芒。他们是未来，是希望，有无限的可能。

我们以九龙湾幼儿园的名字为引领，把中国神话传说中“龙”的形象融入户外游戏环境，打造九龙游戏小镇，包括百草园、百花园、百果园、野战营、那片海、篱下农场、时光穿梭餐厅、自然手作坊、悠然音乐亭等九个游戏区域。百草园倡导“一米菜园”理念，寓意着孩子们一伸手便能触及的自然世界。孩子们遵循农时，关注和探究植物的生长过程，体验种植的乐趣；百花园是融合百花博物馆与生态感官的公园，花草树木即天然的游戏材料，孩子们在此创作自然作品，如手环、树叶拓印和花朵标本等，兼具美感与创意；百果园种有十几种果树，在这里，孩子们可以品尝鲜榨果汁、探寻隐藏的宝藏、观察蚂蚁的生活，亲身体验大自然的馈赠；在篱下农场，有我们幼儿园的吉祥物——孔雀。2018 年开园的时候，老师给孩子们讲了龙的故事。俗话说“龙凤呈祥”，孩子们说：“幼儿园有龙，那有没有凤凰呢?”那一年，我们给孩子们送的六一礼物就是两颗“神奇”的蛋——孔雀蛋，后来孵出了小孔雀，一直养到现在，孔雀也成为幼儿园的吉祥物。那片海是威海最美的海岸线的浓缩，我们将灯塔、轮船等元素以微景观的方式融入幼儿园，让孩子在幼儿园内即可体验到沙滩嬉戏的乐趣，培养他们热爱家乡的情感。

游戏案例：孔雀羽毛追寻记

活动背景：

户外活动时，小奕在百花园的草丛里有了新发现：“快来看，这里有一根羽毛。”他的话引来了许多小朋友，他们纷纷开始在周围寻找羽毛。更多的羽毛被找到了，大家兴奋地跟羽毛一起玩游戏。孩子们跟羽毛会产生什么样的故事呢?

活动目标：

1. 运用多种方法感知羽毛，了解羽毛的结构特征。
2. 能用图画、表征等多种方式记录探索羽毛的过程。
3. 激发关爱小动物的情感。

活动过程：

(一) 第一阶段——羽毛初探

1. 与羽嬉戏

孩子们拿着羽毛摸一摸、看一看、闻一闻。朗哒和好好在不停地吹羽毛，看看谁吹得更高；甜甜把羽毛放进槿园的耳朵上挠痒痒，俩人不停地笑着；辉辉和梓睿在走廊里比较谁的羽毛先落下来。

没有羽毛的孩子也想要加入游戏中，但是羽毛没有那么多，于是大家纷纷开始寻找羽毛。孩子们猜测这些羽毛一定是百花园中的孔雀的羽毛，因为它们看起来就是鸟类的羽毛。琛琛和几个小伙伴决定到孔雀的家去看看。

教师反思：

孩子们就好像天生的游戏家，一根小小羽毛也能玩得不亦乐乎。《指南》中指出：要经常带幼儿接触大自然，激发其好奇心与探究欲望。对于幼儿来说，他们随时随地思考操作、感知事物和现象，加入比较、想象，形成解释，建构对周围世界的认识和理解。探究既是幼儿科学学习的目标，也是幼儿科学学习的方法。幼儿发现羽毛后，先是用眼睛看、用手触摸、用皮肤感受羽毛的特征，接着尝试与羽毛做游戏，进而引发了寻找羽毛的兴趣。在发现羽毛—玩羽毛—寻找羽毛的过程中，教师能够更多地关注幼儿的表现，从中捕捉育人的价值，支持和鼓励幼儿继续探索和发现。

2. 寻羽之路

来到孔雀笼后，几个孩子顿时有了发现："就是孔雀身上掉下来的。""没错，笼子里还有掉的羽毛呢。"楠楠指着笼子说。

琛琛："这里面还有蓝色的羽毛。"甜甜立马指着孔雀说道："对呀，你看它的脖子也是蓝色的。"妍妍："真的！两只孔雀的脖子的颜色是不一样的，还有一个的脖子是绿色的。"琛琛："那是因为它们两只一只是男的，一只是女的。"廷娥："那我们就叫它们蓝脖子和绿脖子吧！"

老师："蓝脖子和绿脖子的羽毛有什么不一样呢？"

孩子们仔细地观察着两只孔雀（图 2）。

图 2

琛琛："我知道那只蓝脖子孔雀是男的，它身上的羽毛颜色更漂亮，因为只有漂亮才能吸引母孔雀，我妈妈和我说过。"廷娥："绿脖子孔雀的毛是灰灰的，但是它们都有一顶皇冠。"妍妍："它们的眼睛周围也不一样，好像涂了眼影。"琛琛指着蓝脖子掉下的羽毛说："蓝脖子孔雀的羽毛有小眼睛，就像我的眼睛一样。"浩哲："是啊，它的羽毛还发光呢!"于是孩子们把收集到的羽毛进行了分类。老师将孩子们的讨论制作成统计表，请孩子们记录下来（图 3）。通过观察和分类，孩子们发现了雌雄孔雀羽毛的不同。

雌雄孔雀羽毛的不同		
	蓝脖子	绿脖子
形状		
颜色		
软硬程度		
长度		
羽毛上的形状		
其他方面		

图 3

教师反思：

"是谁的羽毛"引发了幼儿的关注和兴趣。幼儿在认识新事物时，通过有效的比较、分类、分析，找出它们之间的不同点和相同点，把新认识同化于已有的认知结构中。教师将问题抛给幼儿，基于前期经验和对问题的讨论，幼儿积极主动地想办法解决问题。对羽毛的继续探索发生在追随幼儿兴趣的过程中，随着对孔雀羽毛认识的加深，通过观察对比雌雄羽毛的不同，大家对孔雀的不同种类和特征也产生了兴趣。

（二）第二阶段——揭秘羽毛

1. 鸟类羽毛的不同

孩子们在观察到雌雄孔雀羽毛的不同之后，对羽毛的兴趣更加浓厚。一天，廷娥小朋友问我："老师，为什么鸟的羽毛都不一样呢?"于是，老师带领孩子们通过在网上查阅相关资料、观看科学百科书等方式去了解各种鸟的羽毛。

孩子们也和爸爸妈妈去不同的地方寻找不一样的羽毛，并根据自己的发现记录不同鸟的羽毛。如火烈鸟会进行周期性换羽。当羽毛开始脱落，体内沉积的色素不够时，就会长回一些白色羽毛（图 4）。又如，企鹅生活的环境恶劣，羽毛很难保养，因此会一年一换。新羽毛可以防水、保暖（图 5）。

图 4

图 5

教师的支持与反思：

依据《指南》中的教育建议，要支持幼儿用适宜的方法探究和解决问题，并为自己的想法收集证据。由于幼儿获得的经验比较零散，因此教师将问题汇总并梳理成调查表，鼓励幼儿和家长一起运用多种方式进行调查。幼儿通过上网、看书等不同方式的调查，丰富了关于不同羽毛的常识，推动了对羽毛的探索。

教师在阅读区投放相关故事和科学类绘本，从幼儿的视角出发，打破活动形式的界限，寻找科学有效的途径，引导幼儿独立自主地解决问题，充分发挥绘本促进幼儿深度学习的核心价值。

2. 孔雀为什么会掉毛？

在了解到不同鸟类的羽毛之后，孩子们养成了每天去观察孔雀的习惯。在观察的过程中，他们发现了孔雀掉毛的现象，开始担忧起来……

琛琛：“老师，你快看，蓝脖子和绿脖子身上掉的毛越来越多了。”

甜甜：“它们是不是生病了？”

妍妍：“我觉得是它们要换一身漂亮的羽毛才这样的。我家里的小猫，一到换季的时候就会换毛，然后再长出新毛。”

槿园：“是被树枝蹭掉的吧。羽毛掉的时候，孔雀会不会很疼呀？”

妍妍：“是它们自己用嘴巴啄掉的。”

浩哲：“孔雀要长大了，之前的羽毛太小了。”

一一：“那是因为它们的羽毛脏了，要换毛。”

廷娥：“是不是因为蓝脖子和绿脖子不好好吃饭才会掉毛的呢？”

教师根据孩子们的猜想设计了调查表（图 6）。

孔雀为什么会掉羽毛?					
被风吹走的	树枝蹭掉的	嘴巴啄掉的	脏了，要蜕毛	有雨水	还有什么原因?

图 6

针对孩子们的设想，我们通过家园合作，请爸爸妈妈带领小朋友上网查阅资料，寻找孔雀掉毛的原因，并用自己的方式进行记录。第二天，大家一起进行了分享。

槿园：“我回家问了智能音箱，孔雀是因为新陈代谢才会掉羽毛的。而且，羽毛掉的时候孔雀不会疼哦。”

甜甜：“爸爸和我一起看了视频，孔雀掉毛是为了第二年长出更漂亮的羽毛。”

妍妍：“书上说孔雀的羽毛太重会飞不高，所以每年都会换新的。”

3. 羽毛的作用

通过小朋友们的调查，我们知道掉毛的不只有孔雀，很多鸟类都是会掉羽毛的，这些羽毛还有大用处呢。

佳欣：“老师，为什么蓝脖子和绿脖子身上还有短短的羽毛呢?”

琛琛：“是不是因为还没有长大?”

为什么孔雀的羽毛会不同呢？它们的作用是一样的吗？通过查找图片和资料，孩子们了解到孔雀羽毛的作用。

羽枝：一根根像树枝的结构。

羽小枝：羽枝上的小毛。

尾羽：保持平衡、控制飞行；炫耀，争夺雌孔雀；震慑天敌。

羽毛是用来飞行的，还可以保持温度。

4. 孔雀羽毛的不同颜色

大家知道了孔雀羽毛的作用之后，新的问题随之而来。孩子们收集到的孔雀羽毛除了大小各异之外，颜色也是不一样的。

百花园里，大家手里拿着找到的孔雀羽毛开始坐在一起讨论：怎么会有不同的颜色呢？为什么有的羽毛上有不同的颜色，有的羽毛上就只有一种颜色？

回到教室，老师和小朋友们一起了解到：孔雀羽毛的颜色是“结构色”，即随着观察角度的不同，颜色也会发生变化，这样的现象叫作“彩虹色”。于是，老师带着孩子们一起来到户外，在阳光下从各个角度观察羽毛的颜色变化。

教师的支持与回应：

从幼儿的交流分享中可以了解到，他们对于动物掉毛现象的认识还停留在自己平常可以接触到的动物上。通过观看视频，幼儿可以更加直观地感受，将所获得的知识与自己的经验相整合，进一步加深对羽毛的认识，进而对孔雀羽毛的大小、长短、颜色等变化产生兴趣，实现深度学习。

（三）第三阶段——羽毛的回归

1. 羽毛长出来了

经过一个寒假，孩子们开学后做的第一件事就是来看孔雀。妍妍惊喜地发现孔雀尾羽发生了变化，她叫来小伙伴一起观察，孩子们都发现孔雀尾羽比之前长长了。回到教室后，孩子们把自己看到的变化记录了下来（图 7）。老师鼓励孩子们将自己每次的观察和大家一起分享，并将幼儿的表征装订起来。

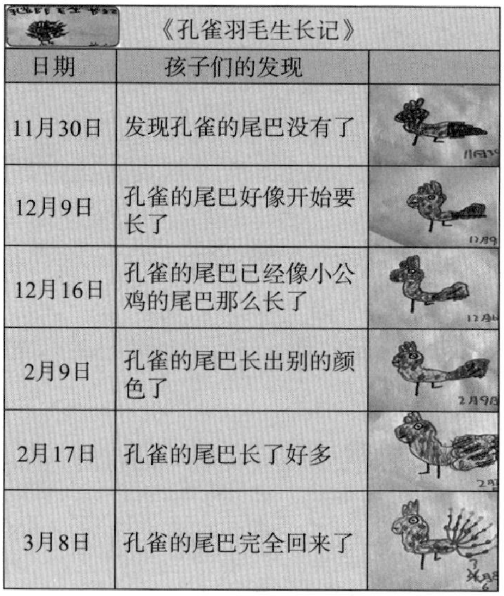

《孔雀羽毛生长记》

日期	孩子们的发现	
11月30日	发现孔雀的尾巴没有了	
12月9日	孔雀的尾巴好像开始要长了	
12月16日	孔雀的尾巴已经像小公鸡的尾巴那么长了	
2月9日	孔雀的尾巴长出别的颜色了	
2月17日	孔雀的尾巴长了好多	
3月8日	孔雀的尾巴完全回来了	

图 7

教师的分析与识别：

《指南》指出：大班幼儿愿意用图画和符号表现事物或故事。由此可见，幼儿运用图画进行表征既是幼儿学习的核心经验之一，又是幼儿学习探究的重要能力与方法。

幼儿将自己观察到的现象进行表征，记录孔雀尾巴的变化过程。记录与交流也有助于幼儿养成尊重事实的科学态度，发展幼儿的表达和分享能力，推动幼儿的主动探究和思考，会使原本比较含糊的经验逐渐变得明晰。

2. 送给孔雀的礼物

孔雀的尾羽终于长出来了，可是等待了很长一段时间，孩子们始终没有看到孔雀开屏。

“老师，孔雀什么时候会打开羽毛呀?”

“它怎样才会开出漂亮的大扇子？我去动物园的时候可见过了呢!”

“它是不是害羞呀?”

“我妈妈说孔雀喜欢漂亮，我们穿上漂亮的衣服来看它，它肯定会开屏。”

于是孩子们到表演区找到许多漂亮的衣服来打扮自己，不断地在孔雀面前表演。

甜甜：“为什么我们在这儿和孔雀比美了这么久，它都不开屏呢?”

浩哲：“我们可以送它礼物，它喜欢的话就会开屏感谢我们。那我们可以送些什么礼物呢?”

廷娥：“可以送蛋糕，它俩一定很喜欢。”

甜甜：“我要送孔雀一幅画。”

浩哲：“我要穿漂亮的衣服给它跳舞。”

琛琛：“我们可以把孔雀的羽毛做成礼物送给它们呀。”

于是孩子们开始设计自己的礼物，决定要送给孔雀一个既特别又充满新意的礼物。孩子们在区域中忙碌起来，有的做大蛋糕，有的为孔雀画了画，还有的用孔雀羽毛做了发卡和书签。

终于，礼物做好了，大家迫不及待地把礼物带给孔雀。孩子们把作品挂在笼子的四周，头戴小卡子，穿上漂亮的衣服，手捧着大蛋糕，还跳起了舞。遗憾的是，孔雀并没有打开它那漂亮的大尾羽。可是孩子们依然玩得很开心，一起和孔雀开起了派对。

教师的支持与反思：

教师在得知幼儿需要制作礼物后，为幼儿提供了各种材料：黏土、树枝、发卡、丝带、服装等。孩子们通过手工制作、绘画、表演等活动，精心为孔雀制作礼物。在观察、了解孔雀的过程中，孩子们把注意力从孔雀的外形特征逐步转向了关心孔雀的生理结构、生活习性等方面，由表及里地探索孔雀的特点。在制作礼物的过程中，羽毛在孩子们的手中变得丰富多彩，幼儿的审美能力、想象力、表现力、创造力得到了进一步发展。

3. 孔雀开屏了

一天早上，孩子们看到孔雀开屏后兴奋不已，边看边交流（图 8）。“蓝脖子一定是在和绿脖子说自己最漂亮。”“我知道，蓝脖子是公孔雀，它在吸引母孔雀呢！我在动物园就见过。”“它的羽毛真漂亮啊!”孩子们在看完后迫不及待地把孔雀开屏的过程画了出来。为了纪念孩子们和孔雀之间的故事，教师鼓励幼儿将游戏过程记录下来，创编出了绘本故事《“羽”你在一起》（图 9）。

图 8

图 9

教师的支持与反思：

幼儿将孔雀开屏的漂亮样子画出来后，教师帮助幼儿将游戏过程记录下来并制作成绘本故事。记录和交流展示了幼儿的真实想法、探索历程与认知发展，因此能帮助教师更好地理解幼儿在科学领域的兴趣、经验、学习轨迹和发展水平等，从而更有效地鹰架幼儿在科学探索活动中的学习和发展。

活动分析：

（一）教师在游戏中的支持

1. 捕捉兴趣——做游戏发展的观察者

幼儿对生活中的各种事物、现象都有一定的兴趣和好奇。整个活动的开展源于幼儿的兴趣，促使他们能在较长时间内持续参与探究活动。幼儿对科学探究的兴趣像是在等待成长的种子，需要教师不断给予幼儿回应与鼓励，才能够让种子吸收到充足的养分，从而不断地茁壮生长，发现游戏中新的生长点，为下一阶段游戏的开展做好准备。

2. 关注过程——做解决问题的引导者

幼儿很喜欢向教师提问，教师要及时给予幼儿回应与鼓励，从小培养幼儿的观察力。在幼儿的科学探究中，许多活动也都始于问题，过程围绕问题而展开，结果指向问题的解决。指向问题的探究既能让幼儿保持对探究的积极性和兴趣，又能让幼儿的发现更有意义，也能初步发展幼儿解决问题的能力。因此，让问题兼顾幼儿的兴趣和教育价值是教师判断问题适宜性的基本标准。从《“羽”你在一起》案例中我们能够清楚地看到，教师都具有很强的“问题意识”，很善于抓住幼儿感兴趣的有意义的问题开展探究活动。有时，教师也会巧妙地运用提问引发幼儿的思考和探究。在科学探究活动中，问题常常是唯一的、定向的，但解决问题的方式方法却应该是多元的、多样的。

3. 敢于实践——做深度学习的合作者

科学探究活动往往伴随着适宜的问题情境而发生，并在解决一个个问题情境中逐渐走向深度学习。探究活动层层推进，幼儿独立参与活动的能力和独立探究意识被调动和激活，自主性活动与深度游戏行为进一步增加。

（二）幼儿在游戏中的发展

1. 探究游戏中幼儿兴趣的变化

在幼儿主动探索的过程中，积极有效的师幼互动、和谐的同伴关系、有力的家长支持，都有助于维持幼儿主动学习的兴趣和探究欲望。

2. 探究游戏中幼儿深度学习行为的发生

在游戏中，在兴趣和好奇心的促使下，幼儿特别想解决问题，进而深入探索直到问题解决。在这一过程中，他们主动并专注于学习本身，学习就是目的。正因为内在学习动机的驱使，幼儿对探究活动进行自我调节和管理，成为快乐的主动学习者。

3. 探究游戏中幼儿对生命成长的体验

懂得尊重生命是《纲要》和《指南》中科学领域学习的重要目标之一。此案例中，幼儿了解了孔雀羽毛的生长变化，冬天到来，担心掉了羽毛的孔雀会冷；当孔雀开屏时学会要小声，这些有助于提升幼儿的认知水平，形成尊重生命的价值观念。教师通过科学、有效的方式实现对幼儿科学思想、思维能力、实践操作能力的培养。

教师在真实的情境中引导幼儿进行科学探究，使幼儿在获得科学知识的同时，感知其中所蕴含的生命活力，获得关于生命的良好体验，从而学会尊重生命、欣赏生命、珍爱生命和保护生命。因此，教师要带领幼儿走进现实生活当中，在自主探究中感知生命的价值。

（案例提供：宋佩秋）

第三节　海纳课程的目标与内容

一、海纳课程的培养目标：面向未来的中国人

每个孩子都是民族的未来和希望，承载着国家和民族的梦想。海纳教育致力于培养“面向未来的中国人——体魄强健能做事，品格完备会做人，智能多元善思维”，要具有应对未来挑战的 4 项核心竞争力：沟通与团队协作能力、批判性思维、创新创造能力及良好的道德品质。

二、海纳课程体系

海纳课程内容基于儿童的兴趣与需要、生活与经验、学习与发展，文化的传承与发扬，园内外的独特资源，依据《指南》中五大领域幼儿发展的目标，围绕幼儿园海洋科技特色，以游戏为基本途径，从幼儿生活出发，建构出立身、立德、立智三大板块的课程体系。

1. 立身——海之魄：体魄强健能做事。

2. 立德——海之魂：品格完备会做人。

3. 立智——海之韵：智能多元善思维。

以食育强体魄精神，以礼仪养习惯修言行，以艺术与科技增见识长智慧。在乡野游戏中自由奔跑欢笑，在东方文化中滋养身心。绘本、足球、陶艺、机器人、魔尺等趣味课程有机渗透，环境、活动、师幼面貌彰显自信活力。我们的课程目标是：自由、自主、自创，保护有着丰盛潜力的纯真童心，建设有创造力的员工团队，引领健康的家庭生活。通过深入挖掘威海地域文化的丰富内涵，将其融入幼儿园教育中，为孩子们营造一个丰富多彩、富有挑战性的学习环境。通过一系列的实践活动、主题探究和游戏体验，引导孩子们发现、探索、创造和表达，为全面发展奠定坚实的基础。

第二章

海纳课程之立身——海之魄

少年强则国强，少年智则国智。基于此，我们提出“海纳小战士”的培养目标，旨在培养孩子具有康健的体魄，具备自我保护、自我生存的能力。

第一节　海纳小战士之“阳光食育课程”

“食育”作为教育的重要组成部分，是培养孩子健康饮食习惯的基础。每个班级都拥有一块一米见方的菜园，孩子们在这里亲手播种、耕作，体验农耕的乐趣。这一平方米的空间象征着孩子们只需一伸手，便能触及的自然世界。在这个世界中，他们可以顺应春生、夏长、秋收、冬藏的季节更替规律，体验大自然的神奇。

为了更好地让孩子们理解健康饮食的重要性，同时培养出自我养育、自我调节的意识和能力，我们设立了阳光食育课程。食育的意义远不止于此，通过食育，我们希望孩子们认识到耕种粮食不仅是为了填饱肚子，更是一种对生命的尊重，对生活的热爱。

探究式课程：我们的“菇”事

一、主题活动由来

雨停后，我们牵着孩子出去散步。在路过校园草坪的时候，发现草地上有一个黄色的圆点，于是，我带着孩子们走近观察，发现原来是一种蘑菇。孩子们好奇地挤在一起，你一言我一语地讨论着。蘑菇是孩子熟悉且生活中常见的食物，但是我却发现很多孩子不爱吃蘑菇。作为幼儿活动的支持者，教师及时发现幼儿的兴趣点，设计了“我们的‘菇’事”这一主题。主题分为“初遇蘑菇”“探秘蘑菇”“菌菇乐园”三个次主题，从对菌类植物整体类别的探究到对幼儿熟悉的蘑菇的探究，引导幼儿积累有关菌类植物种类、特征等方面的经验，感受菌类植物的奇特及其与人类生活的密切关系。

二、主题活动目标

“我们的‘菇’事”这一主题的主要目标是让幼儿了解蘑菇、菌类植物的特性及其在生活中的应用；产生探索大自然的兴趣，愿意亲近大自然；能通过多种途径收集和整理有关菌类植物的相关信息；与他人大胆地交流分享有关菌类植物的趣事；尝试运用绘画、手工、歌唱、表演等形式表达对菌类植物的认知，在发现、欣赏、表达中感受菌类世界的丰富多彩。

三、主题活动脉络

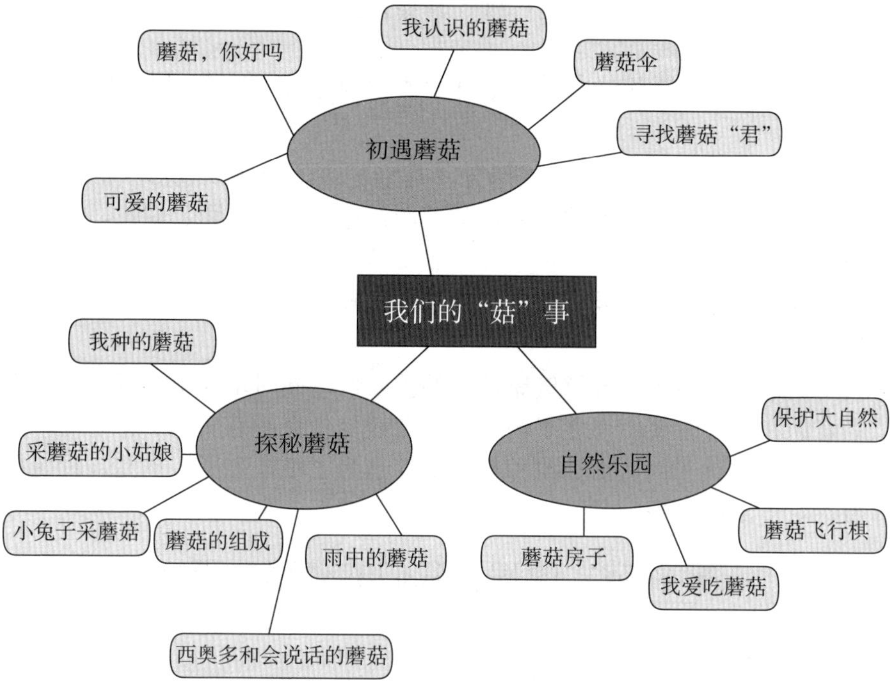

幼儿对于大自然的一切都充满好奇心，教师应善于捕捉孩子们的兴趣点。但是怎样让幼儿更加了解蘑菇，如何引导幼儿主动去探究菌类的秘密，怎样用多种形式创造性地表现出菌类的变化，这些都是老师在实际的活动过程中需要注意的地方。基于对以上问题的思考，教师以调查表的形式，让幼儿在初步了解蘑菇的基础上，逐步渗透到多种多样的菌菇上，在观察、体验活动中感受菌类的奇妙。

（一）初遇蘑菇

“小小树林里，矮矮一把伞，桌上好佳肴，肯定少不了。”孩子们在散步时意外发现了菌菇的踪影，既惊喜又意外。孩子们对于菌菇的认识大多来自餐桌，如平菇、金针菇、杏鲍菇、蟹味菇等，但对菌类植物的种类、生活习性、特点、用途等缺乏一定的了解。“初遇蘑菇”这一阶段开展的相关活动，主要是通过幼儿介绍自己收集到的信息，帮助幼儿积累相关的经验，为今后探索、了解菌类食物的展示板块提供素材，能用连贯的语言同他人大胆分享交流有关菌类食物的趣事妙闻，主动提出自己的疑问，愿意积极主动地表达自己的想法和意见。

本阶段，家长带幼儿到超市、菜市场寻找生活中常见的菌菇。幼儿通过实地考察、亲身体验、交流表达等形式，增强了对菌类食物的探究兴趣。作为孩子活动的支持者、引导者，我们也注重保护孩子的自信心与学习积极性，使他们逐渐形成勇于探究尝试、乐于思考创新等优秀的认知品格。

（二）探秘蘑菇

“探秘蘑菇”这一阶段的活动由菌菇具体到蘑菇。教师将蘑菇菌包带到班级中，幼儿在观察蘑菇成长的过程中开展了诸如了解蘑菇生长需要的环境、蘑菇是什么样的、蘑菇除了吃还能做什么、蘑菇的营养价值等一系列探究活动。这一过程是他们获得关于蘑菇的知识的重要阶段。在寻找蘑菇的过程中，孩子们尝试自己种植蘑菇，从而发现蘑菇生长所需要的环境。

从孩子本身的疑问点和兴趣点出发，延伸至蘑菇的种类、蘑菇的食用价值，利用家长资源丰富幼儿对蘑菇的认识。通过实验活动让幼儿了解蘑菇晒干是会变颜色的，从而引发幼儿探究蘑菇更多秘密的兴趣。通过品尝活动了解炒蘑菇、炸蘑菇等常见蘑菇美食的名称及制作方法，知道其富含丰富的营养价值，感受与同伴共同制作、分享美食的乐趣。在对蘑菇有一定了解的基础上，又生发了“蘑菇都是能吃的吗?”“蘑菇还能用来做什么呢?”等话题。通过主动探索与调查，结合家长的支持与合作及老师的总结，幼儿进一步丰富了对蘑菇的认识。在此过程中，幼儿时刻体验着发现的乐趣。

（三）自然乐园

随着工业生产的发展以及资源的过量开采，自然环境在很大程度上受到了损害。孩子们在寻找蘑菇的过程中，发现环境中的垃圾增多，自然环境污染严重，萌发了初步的环保意识。

孩子们通过实地考察、亲身体验，了解人们的不良习惯对自然环境造成的污染，理解菌类植物与自然环境相互依存的关系，探索保护自然的方法，萌发保护自然的意识。家长在日常生活中与幼儿一起讨论、分享自己的发现，与幼儿一起从我做起，减少对自然环境的伤害。我们采用生动有趣的实践方式，如通过童话、歌曲、美术作品等引导孩子观察发现、创作体验，让孩子进一步建立尊重自然，关注、喜爱并保护大自然的意识。

四、主题活动过程实录

第一阶段：收集

（一）寻找蘑菇（谈话活动）

自从孩子们在散步时意外发现了蘑菇之后，每天都沉浸在寻找蘑菇的游戏中。这天早上，糖心带来了自己前一天的“战利品”，大家纷纷围上去观看。

兜兜：“哇，你在哪里找到的这些蘑菇呀？”

糖心：“我在小区的花园里找到的。”

可心：“我上次也是在花园里看到的蘑菇。”

喜宝：“我在幼儿园的小菜园里也看见过这样的蘑菇。”

俊宇：“妈妈说这种蘑菇不能随便吃。”

沐霖：“对呀，如果有毒的话，我们吃了都会死掉的。”

瑶瑶：“不会的，我上次吃过的蘑菇就长这个样子。”

沐霖：“不是，妈妈说野外长的蘑菇不能随便吃。”

瑶瑶：“可是我上次在餐桌上明明就吃过这种蘑菇。”

大治：“你们不要争了，我们去问问老师吧。”

教师：“沐霖和瑶瑶说的都是对的，我们在野外看到的蘑菇的确不能随便吃，很多是有毒的。而瑶瑶说在餐桌上见过的蘑菇是黄榆菇，和这个长得很像，是人工培育的，是餐桌上的一道美味哟。”

（二）我认识的食用蘑菇（教学活动）

活动目标：

1. 能够准确判断并了解常见的几种菌菇的特点，并大胆描述出来。
2. 理解菌菇的营养价值，从而喜食菌菇。

活动准备：

常见的几种蘑菇实物、PPT。

活动过程：

1. 活动导入，引起幼儿的兴趣

师：“孩子们，今天和老师一起在教室里做游戏怎么样？走，挎起你的小背篓，开始喽。看，前边有一块绿色的大草坪，草坪上好像长出了什么东西，去把它们都采在你的小背篓里吧。全部采完后，我们就回到自己的位置上休息。”

2. 正确辨别并认识几种最常见的菌菇，并大胆表述

师：“刚才，我们把地上的食物都采进了自己的背篓里。现在请你认真地

看一看，一会儿由小朋友们来为大家讲一讲。”（教师指导孩子从色彩、造型的角度介绍菌菇）

3. 知道菌菇的营养价值，并喜欢食用菌菇

（1）介绍菌类的营养。

（2）解决问题，让每位幼儿都喜欢吃菌菇。

师：“菌菇既然含有如此丰富的营养，那你们喜欢吃吗？有什么好方法可以使一个不喜欢吃菌菇的孩子喜欢吃这些菌菇吗？”

幼儿自由表达，并说出原因，教师在一旁引导。

（三）寻找蘑菇“君”（教学活动）

最近，孩子们说得最多的就是自己了解到了多少种菌菇。家长通过带孩子到蔬菜市场、上网查阅相关资料、跟小朋友讲述关于蘑菇的绘本等方式帮助幼儿了解菌菇。很快就到了最期待的调查表分享时间了。

小艺：“我知道菌菇种类有很多种，而且它们长得样子都是不一样的，有的是大大的，有的是一片片的，还有的是一丝丝的。”

可心：“我是和爸爸在家门口的花园里发现了蘑菇。爸爸说因为刚下了雨，所以小蘑菇们就跑出来了，它们喜欢潮湿的地方。我超级喜欢我找到的小蘑菇。”

第二阶段：观察

（一）我种的蘑菇（教学活动）

活动背景：

通过调查，孩子们了解到很多关于蘑菇的知识，也对蘑菇更加感兴趣了。于是，老师带来了各种各样的菌包放在植物角，孩子们有时间就会过去看一眼。

活动目标：

1. 了解蘑菇的生长环境。
2. 学习种植蘑菇，观察蘑菇的生长过程。
3. 体验种植和观察的快乐。

活动准备：

各类菌菇包、水壶、容器。

活动过程：

老师让小朋友们欣赏蘑菇成长的图片，引导小朋友们了解蘑菇生长的环境。在初步了解蘑菇的生长状态和发育阶段后，孩子们对种植蘑菇跃跃欲试。

于是，我们在教室开辟了一个蘑菇角，购买了菌菇包，让孩子们利用多种方式进行种植。

成成："看不到蘑菇。"

豆豆："闻起来有一点蘑菇的味道。"

铃铛："摸起来硬硬的。"

布丁："菌菇包的颜色不一样。"

菌菇包里的蘑菇怎样才能长大呢？

蕾蕾："像种花一样种在花盆里。"

多多："我见过，是泡在水里的。"

可心："要不用湿毛巾把菌菇包盖起来吧。"

那就让我们来试试这些方法能不能种出小蘑菇。

第一种种植方法：土培。

先将菌菇包横放进花盆里，再盖上 2 厘米厚的泥土，压一压，浇足量的水，放置在阴暗潮湿的角落，每天浇水。

第二种种植方法：水培。

将菌菇包立放在装有水的盆子里，放置在阴凉处，每天使用喷壶喷洒式浇水。

第三种种植方法：湿润。

将菌菇包横放在盆中，用湿毛巾覆盖三分之二，每天保持毛巾的湿度，放置在阴暗潮湿的地方。

经过孩子们每日的精心照料，最后只有水培和湿润的种植方法长出了蘑菇。

（二）采蘑菇的小姑娘（教学活动）

活动目标：

1. 体会音乐欢快而生动的节拍，熟悉音乐结构，尤其熟悉×型的节奏音型。
2. 能在老师的帮助下设计敲击声配器方案，并按照老师指示演奏音乐。
3. 能在打击乐表演中，自觉地注意音色、音量、表情等与整体环境的协调一致。

活动准备：

1. 歌曲《采蘑菇的小姑娘》。
2. 铃鼓四个、碰铃两对、圆舞板四对。

活动过程：

1. 图片导入，调动孩子的积极性

师："照片中的孩子坐在哪个位置？他们高兴吗？他们要去干些什么啊？"

2. 感受音乐

播放歌曲，让孩子感受歌曲。

师："音乐中的主角是谁？她是怎样采蘑菇的？"

3. 剖析歌曲构成，讨论编配方法

（1）教师结合传统乐曲，指导孩子们了解这首作品应该分成几部分，以及哪几个部分可以分段演奏，从而帮助孩子掌握传统乐曲的旋律，了解分段原理。

（2）掌握×型节奏音型。

将节拍谱张贴到黑板上，让小朋友们跟着教师，用自己的小手打节拍，然后换用其他身体部位打节拍，如跺脚、抖手腕、拍肩等。

（3）邀请一个孩子上台示范表演。

4. 设计配器方案

（1）幼儿选择自己喜欢的乐器齐奏这首歌，并讨论齐奏好不好听。

（2）讨论乐曲中应如何配器，并向幼儿逐篇逐段介绍。

5. 合奏，注意表情、声音

（三）兔子采蘑菇（体育游戏）

活动目标：

1. 会双脚同时跳跃，会屈膝团身前进，钻过障碍物。
2. 增强不怕困难、勇于挑战的精神。

活动准备：

1. 小兔子头饰若干、蘑菇卡片若干、跳圈若干、钻圈 2 个、小篮子 2 个。
2. 在场地中央摆放 2 列跳圈，跳圈尽头各放 1 个钻圈。在终点处摆放蘑菇卡片。

活动过程：

1. 讨论过河方法

师："今天兔妈妈要带着小兔子们去采蘑菇，但是有一段河流堵住了去路。河流上边有几块大石头和一座小桥，你们有什么方法能过去吗？"

当幼儿说出各种方法后，教师引导幼儿说出哪种办法较好。

2. 请尝试成功并且动作标准的小朋友告诉大家是如何过去，又是如何归来的，并演示给大家看

教师小结。跳跃的方法：双脚并拢往前跳跃。钻的基本技巧：双膝弯弯，腰弯弯，低着头儿钻钻钻。

3. 请所有幼儿用正确的姿势通过小河

师："现在，小兔子们就可以用刚才学过的方法跳过石头采蘑菇了。每只小兔子每次可以采摘一个蘑菇，采到蘑菇后将蘑菇带回家。”

4. 小朋友将蘑菇全部采完后，游戏结束

5. 做放松动作

师：“小兔子们今天真棒啊！采了这么多蘑菇。大家都太累了，咱们一起来放松一下，捏一捏，锤一锤，抖一抖。”

第三阶段：了解

（一）蘑菇品尝会（区域活动）

很快，我们种在种植角的蘑菇长大了，孩子们惊奇地看着自己亲手种出来的蘑菇，兴奋极了。

沐霖：“哇，白平菇的叶片软软的。”

糖糖：“这个黄榆菇的叶片没有那么软，但是有好多的花纹呀。”

楠楠：“我吃过炒的白平菇。”

糖糖：“嗯嗯，我也吃过。”

多多：“那我们这个白平菇能吃吗？”

糖糖：“不知道呀，我们问问老师吧。”

孩子们在老师的带领下，将白平菇送去大厨叔叔那里，请大厨叔叔炒制成菜品。没一会儿，炒白平菇就被光盘了。小朋友品尝了白平菇的鲜美味道后，老师又带来了金针菇和其他菌菇类食材，鼓励小朋友说出还吃过哪些菌菇类美食。

（二）蘑菇房（区域活动）

随着活动的开展，家长不仅带孩子观察蘑菇的形状，而且带孩子去看各种和蘑菇相关的展览。有的孩子发现香菇的造型特别像小房子，于是区域游戏时间，建构区的小朋友开始搭建蘑菇房，美工区的小朋友开始画出自己心中的蘑菇房，科学区的小朋友开始设计蘑菇房迷宫。

（三）保护大自然（教学活动）

在寻找蘑菇的时候，小朋友发现草丛中有很多的生活垃圾，不仅小区里面有，小区外面的公园里也有。这些垃圾会对大自然造成污染，很多自然生长的野菜和菌菇的数量都会减少。

大自然是我们人类的好朋友，也是小朋友最喜欢的地方，为人类提供了丰富的资源。但是自然环境遭受破坏，导致很多植物消失。本次活动开始前，幼儿与家长一起了解环境污染的危害，并搜集保护自然的方法和措施。

活动目标：

1. 加深对于自然的情感，开始形成环境认知。

2. 愿意利用感官探索自然之谜。

3. 能够用语言大胆表达自己的感受。

活动准备：

给孩子提供出游所需的物品、背包。

活动过程：

1. 本次活动选择在十一月开展，要尽量创造条件到郊外去露营。

2. “摸摸”大自然，听听大自然的声音。

（1）寻找一个安全区域，幼儿自由结成两人一组，一个用布蒙上双眼，另一个小朋友带领他去触摸自然界里的事物，感受一下自然界的各种事物是干的还是湿的，是硬的还是软的。然后分组讨论触摸自然时的感受。

（2）在比较安静的区域，老师与孩子们共同坐下，闭上双眼一两分钟，让心情慢慢静下来，仔细听周围的声音。

第四阶段：主题活动资源

（一）幼儿园资源

在本次主题活动中，我们为孩子提供与蘑菇相关的环境创设，比如在区域里投放蘑菇菌包，将走廊环境布置成自然风格，让孩子身临其境。

环境创设	1. 主题墙：展示搜集到的关于菌菇的图片及实物。 2. 布置“我们的‘菇’事”主题播报，幼儿将去寻找蘑菇的趣事画出来与同伴分享。 3. 布置“我们的‘菇’事”墙饰、吊饰等。 4. 设置展台，展示幼儿收集的菌菇标本。 5. 设计宣传栏，展示幼儿制作的宣传海报。
区域投放	1. 美工区：折纸蘑菇、蘑菇拓印。 2. 建构区：蘑菇房的相关照片、薯片桶、纸盒、尼龙绳、奶粉桶、木质积木等。 3. 科学区：蘑菇飞行棋、标本馆参观棋、蘑菇对对碰、眼力大比拼。 4. 图书区：自制图书《菌菇植物小问号》《蘑菇趣闻》。

（二）家长资源

教师可以通过家园宣传栏、钉钉家长群等途径，让家长一起参与到本次主题活动当中。例如，家长与幼儿一起上网搜索资料、观看视频、实地参观等，支持活动的开展。在家长的支持下，孩子们了解到更多菌菇的名称及其多种用处（表 1）。在本次活动中，家长的加入是对幼儿知识的扩充、对教师无法带幼儿进行实地观察的遗憾的弥补，都对活动的持续深入开展产生了至关重要的影响。

家庭教育资源值得我们去研究和使用，父母与老师间的联系并非孤立的，而是互相支撑的。要充分发挥家长的主观能动性，让活动的开展更加顺利、更加精彩！

表 1 “我们的‘菇’事”家园互动表

活动内容	家庭参与形式	家庭的角色作用	家园联系目的
菌菇植物知多少	倾听、记录	带幼儿了解菌菇	幼儿对菌菇有初步的印象与了解
蘑菇房	亲子互动	与幼儿一起搭建、绘制自己的蘑菇房	增进亲子关系
菌菇品尝会	实践	与幼儿一起动手制作蘑菇美食	幼儿对蘑菇的食用价值有一定了解，爱上吃蘑菇
寻找蘑菇“君”	实践	与幼儿一起动手，体验动手实践的快乐	体验与同伴一起寻找蘑菇的乐趣
多彩的菌菇世界	观看视频	通过观看视频的方式了解菌菇	对菌菇的生存环境有一定的了解
保护自然	亲子互动	做到不乱扔垃圾，提醒周围的人保护自然	帮助幼儿了解保护自然环境重要性

第五阶段：我们的感悟

开展主题活动，不仅要关注幼儿的兴趣点，而且要注重幼儿在自主探索与尝试中获得的知识与经验。

（一）善于捕捉兴趣点

《纲要》指出：要善于发现幼儿感兴趣的事物、游戏或偶发事件中所隐含的教育价值，教师要把握时机，积极地进行引导。整个活动来源于幼儿的兴趣，这种兴趣促使他们能在较长时间内持续参与到活动中。教师在日常生活中要善于观察，善于发现孩子的兴趣点，根据孩子的兴趣及时调整课程设置。在本次活动中，老师在孩子的交谈中发现他们对菌菇的兴趣，但是了解又不是很多，于是及时把握时机，将孩子的兴趣点延伸下去。

（二）善于把握活动过程

幼儿在收集、观察菌菇的过程中，寻找蘑菇、在植物角对蘑菇进行写生。

教师也会寻找相关的绘本与孩子们一起分享。

通过对实物的观察，让孩子们摸一摸、看一看，利用感官体验带给孩子更多的惊喜与发现。在快乐的互动中，幼儿增加了对菌菇的兴趣，提升了动手操作能力，开阔了眼界。只要幼儿能够在活动中主动观察学习，那么这个活动就是有意义的。

（三）探索自然，保护自然

随着工业生产的迅速发展及对资源的过量使用，自然环境在很大程度上受到了损害。随着社会的进步与发展，保护和改善自然环境已引起了人们的关注。

通过实地观察、亲身体验，幼儿了解了人们的不良习惯对自然环境造成的污染，理解了动植物与自然环境的依存关系，萌发了保护自然环境的意识，探索了保护自然环境的方法。

（案例提供：宫婷玉）

第二节　海纳小战士之“小鬼当家”课程

劳动教育是培养幼儿独立自主、勤奋努力品质的重要途径。“小鬼当家”课程实施“小海军”一日生活流程“5S”管理，让孩子在生活中学会自理、自立，培养小班幼儿服务自己、中班幼儿服务他人、大班幼儿服务社会的意识和能力。

一、指导思想

“小鬼当家”课程以习近平新时代中国特色社会主义思想为指导，全面贯彻党的教育方针，依托教育部制定的《劳动教育标准》，结合《指南》，遵循幼儿身心发展特点，建构有意义的劳动课程，实施有意义的教育指导，营造有价值的劳动环境，运用有效的机制和制度，保障“小鬼当家”课程的实施。课程让教师对劳动教育的认识更深刻，指导更有力；让幼儿通过劳动获得更全面的发展，实现健康成长。

二、实施原则

幼儿的劳动与成人的劳动具有显著差异，具备自身鲜明的特点。幼儿劳动的独特性决定了劳动教育的特殊性，即幼儿劳动教育应遵循活动性、内在性和综合性的原则。

（一）活动性

苏霍姆林斯基认为：“幼儿的能力和才干来自他们的指尖。形象地说，正是来自手指的那些细小溪流在补充创造性思维的源泉。幼儿两手动作的把握性和创造性越大，手和劳动工具配合得越精细，这种配合所需要的动作越复杂，幼儿智力的创造精神就越鲜明，这种配合所要求的那些动作也就更准确、更细致、更复杂。”《指南》指出，幼儿通过直接感知、实际操作和亲身体验获取经验。幼儿劳动教育的主旨是让幼儿在做中体验、感悟和反思，强调幼儿主动构建自我的精神世界。幼儿劳动教育应充分利用教育资源，为幼儿提供自我创造的活动空间，重视幼儿的兴趣和直接经验，通过现实的操作活动，磨砺幼儿的官能，培育幼儿的能力，滋润幼儿的心灵，让幼儿获得自我精神世界的富足。

（二）内在性

蒙台梭利指出：“幼儿劳动的价值在于促进幼儿自身的内在成长和发展。与幼儿劳动相比，成人从事着具有显性的外在价值的社会性生产活动。”成人的劳动受社会习俗的影响、文化的制约及利益的驱动，具有被动性和强制性。而幼儿劳动是幼儿内在需求的体现，是幼儿内在潜能的展现，是幼儿展现自我内心世界的方式。通过劳动，幼儿可以满足内心的需要，认识自我世界，塑造自我的心灵。因此，成人不能按照自己的标准去要求幼儿进行劳动，而是要赋予幼儿充分的劳动时间与劳动空间，以满足幼儿内在的需求，推动幼儿健康快乐的成长。

（三）综合性

幼儿劳动教育的综合性体现在教育主体和教育功能的综合性两个方面。首先，在教育主体方面，开展幼儿劳动教育要把园所教育、家庭教育、社会教育结合起来，充分发挥园所文化、社会实践、家庭教育、社会教育等方面的协同作用。其次，在教育功能方面，“以劳树德，以劳增智，以劳强体，以劳育美，以劳创新”，明确了劳动教育以其独特的融通性，有机地渗透在其他各育中。在开展幼儿劳动教育的过程中，应将劳动教育与其他“四育”有机结合起来。在其他“四育”的活动中，也应恰当地融入劳动教育的内容。

三、课程理念

幼儿园“小鬼当家”课程是指培养幼儿劳动意识、劳动观念的教育，也是品德教育的重要内容之一。它包括幼儿的劳动习惯、对劳动的态度、对劳动者的认识及对劳动成果是否珍惜等内容。幼儿的劳动更倾向于融入生活的自我服务劳动、服务班级的劳动体验、感受丰富多样的劳动生活等。我们打破传统的劳动教育模式，将劳动教育渗透在幼儿的一日生活中，让幼儿在生活中劳动，在劳动中学习，在学习中增长智慧、愉悦身心，让自然生动、丰富多样的劳动成为幼儿独享的美好生活，让幼儿在快乐自主且富有教育价值的劳动生活中树立自信、专注、责任、友善、感恩的良好品格。

“小鬼当家”课程从儿童的年龄特点出发，以“尊重兴趣、源于生活、基于经验、自主选择、着眼发展”为原则，以自然渗透式劳动教育课程为核心，整合环境资源、家庭资源，拓展劳动教育的内容，丰富劳动教育的形式，师幼共构“自然渗透式”劳动课程的途径与内容架构。

四、课程目标

（一）总目标

1. 从劳动中体验到愉悦。
2. 获得真实而丰富的劳动体验。
3. 习得劳动过程中的卫生习惯及安全防护知识。
4. 有意愿在劳动中尝试思考和解决问题。
5. 在劳动中树立自信、专注、责任、友善、感恩等良好品格。
6. 欣赏劳动带来的整洁之美、有序之美、自然之美、创意之美等。

（二）学段目标

1. 第一学段（小班）

（1）知道自己的事情自己做，萌发责任感。

（2）学会照顾自己，有基本的自理能力。

2. 第二学段（中班）

（1）充分利用小小值日生，激发幼儿管理班级的兴趣和责任。

（2）自己的事情自己做，学会照顾他人，服务班级。

3. 第三学段（大班）

（1）力所能及的事情要积极主动完成，增强幼儿的责任感。

（2）愿意为幼儿园和社会贡献自己的一份力量，从而获得成就感。

五、课程内容

（一）融入生活，实施自然的劳动教育

“小鬼当家”基础课程是渗透于一日生活的劳动课程，幼儿在生活中自然习得自我服务的基本技能，包括两类：一类是自我服务类劳动，主要指儿童自己料理自己的生活，如穿脱衣（裤）、叠被、自主进餐、自主喝水、清洗和管理个人物品等；另一类是服务集体类劳动，如清洗桌椅、值日生工作、清洗班级玩具和材料、班级小小管理员工作等。劳动技能的习得既有利于幼儿劳动意识的萌发，又为幼儿自信、从容地生活奠定了基础。

（二）创意生活，乐享劳动的趣与美

幼儿轮岗制课程是我园创新利用环境资源，为儿童创造的多元、特色、常

态化的劳动体验课程。它包括小小迎宾员、光荣升旗手、厨房小帮手、动物饲养员。小小迎宾员负责每天早上和值班教师一起在幼儿园门口迎接小朋友的到来。光荣升旗手负责每天早上升旗，晚上降旗，雨天将国旗收好。它有利于培养幼儿的责任心，使幼儿树立责任感，习得多元的学习和发展机会。厨房小帮手和动物饲养员帮助幼儿积累劳动经验，体验创意劳动的乐趣，让幼儿对创造美好的生活充满向往。

（三）纵深探究，点亮种植活动的教育价值

一米菜园课程是我园以教室植物角、班级种植区为媒介研究获得的种植主题课程序列化重要成果。我们用课程的理念建构和推进种植劳动，让幼儿亲历种植的全过程，参与种植管理，探究发现生命奥秘，体验与分享收获的喜悦，潜移默化地培养幼儿的劳动习惯，让种植劳动成为幼儿真正的、广阔的探索学习活动，绽放生命的色彩。

（四）家园共育，辐射生活方方面面

幼儿园注重家园共同形成对劳动教育的价值认同，从而达成行动同向同步，优势互补，合力教育。我们通过专题培训、活动展示、案例分享、主题研讨等方式，传递新时代儿童劳动教育观念，发挥家园共育优势，从而最大限度地形成教育合力，促进幼儿全面发展和健康成长，收获劳动教育成效。

（五）打破边界，全面渗透劳动意蕴

劳动教育不是孤立的，具有高渗透性，它渗透在园所的各种大型节日活动、游戏活动和主题课程中。幼儿不仅是活动的参与者，更是活动开始前的设计者、准备者，活动结束后的收拾整理者。自然而生动的活动把劳动不露痕迹地渗透其中，使幼儿在获得多元发展的同时，充分感受和体验做活动主人的自豪感。

我们探索幼儿劳动教育的路径，积极建立“小鬼当家”课程体系，创设劳动教育生态环境，着眼幼儿的劳动意识、情感态度、能力发展和教师劳动教育专业素养、能力提升，大力开展研究与实践创新，取得阶段性成效：新时代自然渗透式劳动教育实现了三大育人模式的转换——教师中心向儿童中心转变、知识育人向生活育人转变、单一教学向多元整合转变，促进了儿童全面发展。源于生活、基于儿童的渗透式劳动课程让劳动教育回归教育本真，创建了儿童美好而优质的生活。

劳动教育是素质教育的重要组成部分，我们将秉承新时代“德、智、体、美、劳”五育并举的课程价值观，在务实研究中探索形成更加完整、丰富、科学的“小鬼当家”课程体系和实践推进体系。

六、各年龄班课程标准

课程标准从生活习惯养成标准、学习习惯养成标准、礼仪习惯养成标准、烹饪劳动习惯养成标准、农业生产劳动习惯养成标准等五个方面制订。

(一)小班课程标准

1. 生活习惯养成标准(表2)

表2 小班生活习惯养成标准

环节	标准
入园环节	(1)能高高兴兴上幼儿园,跟家长说“再见”。 (2)能将外套脱下,叠放整齐。 (3)能独立穿脱鞋子,分清左右。
如厕环节	(1)知道及时如厕,不尿裤子,如厕前举手。 (2)排队如厕不推挤,上下台阶不滑倒。 (3)掌握正确的如厕方法,便后可以提好裤子。
用餐环节	(1)爱惜粮食,不掉饭粒,不剩饭,保持桌面整洁。 (2)进餐时保持安静,不大声讲话,不东张西望,不玩耍。 (3)学会正确使用餐具,添加饭菜要举手。
饮水环节	(1)能正确认清自己的水杯,固定位置取放。 (2)知道按需求喝水,喝多少接多少,不浪费水,冷热水要分清。 (3)不玩水、不打闹,双手端水杯。喝水时,不说话不走动,避免呛水。
入睡环节	(1)入睡前将整理好的衣物摆放在固定位置。 (2)入睡前小手空,不玩弄床上物品,保持安静,不吵闹。 (3)睡姿正确,侧卧或仰卧,不蒙头,不趴睡。 (4)起床后主动穿好衣物鞋袜,能与教师合作将被子叠好。
个人卫生	(1)不用衣袖擦鼻涕,不在衣裤上擦手,保持衣裤清洁。 (2)不在公共场所随地大小便。 (3)知道不将脏东西放入口中,不吮吸手指、玩具等,懂得病从口入的道理。

2. 学习习惯养成标准

（1）初步了解笔、纸等学习用品的用途。

（2）学会使用美术用具。

（3）了解书的结构，培养对阅读的兴趣。认识书的封面、封底、页码、书名等。喜欢看书，对书有兴趣。学会一页一页翻书，懂得珍惜爱护书。

（4）坐姿端正，课堂上懂得举手发言。学习正确的阅读坐姿：看书时上身挺直，双腿放正。阅读时注意眼离书本一尺远，胸离桌子一拳远。

（5）幼儿发言时，不乱插话，不争抢，知道要举手发言。

（6）认真倾听老师讲话，能够用完整的语言表达。

3. 礼仪习惯养成标准

（1）入园时，能够不哭闹，自己走，不用成人抱，高高兴兴上幼儿园。

（2）学习适当地称呼别人。

（3）能够在成人的提示下向家长、老师、小朋友问好和说“再见”。

（4）离园时不跟别人走或自己跑出幼儿园大门。

（5）知道要爱护公共设施。了解取放物品的礼仪，轻拿轻放，培养物归原处的良好习惯。

（6）知道要爱护幼儿园环境，不在走廊内跑跳、打闹。

（7）不乱涂室内外墙面，不破坏班级的桌椅、图书、玩具等物品及公共设施。

（8）咳嗽或打喷嚏时要双手捂住自己的口鼻。

（9）打哈欠时用手把嘴巴遮住，表示文雅。

（10）在教室讲话的音量要柔和。

（11）取用点心水果时，先用眼睛选择，看好了以后再用手拿，拿了就要吃掉。

4. 烹饪劳动习惯养成标准

（1）愿意参与简单的烹饪活动。

（2）在开展食育活动时，幼儿能参与其中，在教师的引导下进行简单的劳动，如清洗块状类蔬菜，烘焙饼干，用牛排刀将胡萝卜、黄瓜切成块。

（3）能够在教师的引导下将做好的食物分享给他人。

5. 农业生产劳动习惯养成标准

（1）认识常见的1～2种水培植物，如绿萝、文竹等。

（2）饲养两种动物，如金鱼、蜗牛等。

（3）知道爱护动植物，不折叶子，每天给植物浇水、晒太阳，给小动物喂食等。

（4）能够用自己的作品装饰班级种植园，对农业活动感兴趣。

（二）中班课程标准

1. 生活习惯养成标准（表 3）

表 3 中班生活习惯养成标准

环节	标准
入园环节	（1）主动跟老师鞠躬问好，跟爸爸妈妈说“再见”。 （2）叠放衣服、换鞋子时不吵闹、不追逐，有规则意识。 （3）能按照要求将书包、外套等个人物品在衣柜内整理摆放好，关好柜门。
如厕环节	（1）自觉排队如厕，不打闹，不逗留，文明如厕。 （2）大小便后能及时冲厕。 （3）学会便后用手纸清洁，便后整理好衣裤。
用餐环节	（1）注意不撒落饭菜，保持桌面和地面的清洁。 （2）吃饭时保持安静，不边说边吃，以免呛食。 （3）能将盛水果的盘子清洗干净、摆放整齐。 （4）能独立、安静进餐。正确使用餐具，不乱敲餐具。咀嚼食物时不发出声音。 （5）进餐结束后，能安静地等待未用完餐的人。如提前离开，要向别人道别并把餐具摆放整齐。
饮水环节	（1）能正确认清自己的水杯，固定位置取放。 （2）知道按需求喝水，喝多少接多少，不浪费水，冷热水要分清。 （3）不玩水、不打闹，双手端水杯。喝水时，不说话不走动，避免呛水。
入睡环节	（1）学会叠放衣服并整齐摆放在固定位置。 （2）睡前枕头放正，盖好被子。 （3）掌握正确的睡眠姿势，侧卧或仰卧，不蒙头，不趴睡。 （4）养成按时睡觉、按时起床的好习惯，起床后主动整理被褥。
物品整理	（1）学会整理衣柜，按照要求将书包、外套等个人物品摆放好。 （2）学习独立穿脱衣服、鞋帽、系纽扣、拉拉链。 （3）不破坏玩具，不乱扔乱放玩具等物品，学会整理玩具。
关爱身体	（1）愿意接种疫苗，知道接种疫苗、查体抽血时不哭闹。 （2）知道身体不舒服时要及时通知成人。 （3）知道生病时要及时配合治疗，按时按量吃药。

2. 学习习惯养成标准

（1）学会笔的正确使用方法及正确书写姿势。

（2）懂得爱护文具。轻拿轻放，不损坏文具；不咬、不摔文具，不把文具当玩具玩。

（3）初步学习整理文具的方法，使用文具后整理回原样。

（4）培养幼儿良好的阅读习惯。不在强光和昏暗的光线下看书；姿势正确、安静阅读，不干扰他人看书；不长时间用眼，保证阅读时间。

（5）认真倾听老师讲话，并充分理解话语的指令及内容；能够保持安静，专注倾听老师讲话；能根据老师指令作出相应的反应。

（6）愿意大胆探索，勤于动手、善于动脑、踊跃发言。能够积极参与教师组织的活动，对学习有兴趣；勇于举手表达自己的意见。

（7）能够大胆、完整、清楚地表达自己的想法和感受。

3. 礼仪习惯养成标准

（1）学会游园礼仪：维持公共卫生、不乱扔垃圾、不踩踏草坪，如遇到不爱护环境的行为，能有礼貌地提醒。

（2）爱护公共卫生，不随地吐痰，不乱扔果皮。

（3）了解打电话的正确方法和注意事项。会用“您好”“请问您找谁”“请稍等”等礼貌用语接听电话。

（4）洗完手以后，手上的水不要乱甩，手在水槽里面尽量放低，手合起来甩，水分尽量甩得越少越好，然后用手帕将手擦干。

（5）说话时不要离别人太近，要留有适当的距离。

（6）不要用手摸别人，或者搭在别人的肩上。

（7）咳嗽或打喷嚏时把头转向没有人的地方，如果左右都有人，就把头低下。

（8）基本礼仪。

①会自我介绍：“你好（大家好）！我叫×××，今年×岁了，我在××幼儿园×班。”

②能够认真倾听别人讲话，注视对方，不插话。

③别人提出问题时，能及时给予回答。

④知道他人的物品不能随便拿，应征询对方同意后才能使用。

⑤会正确使用借物语言，如“请把××借给我好吗？”

⑥需要帮助时不可以大声喊叫老师，可以慢慢走到老师的身旁，眼睛注视老师，等待老师回应，可以轻轻拍一下老师的肩膀，或者拉一下老师的衣服，引起老师的注意。如果老师不能及时解决孩子的问题，要回应孩子：“你有什么问题吗？等这个事情结束后，老师马上过去好不好，你先等一下。”

⑦无心冒犯了别人时，一定要道歉。

4. 烹饪劳动习惯养成标准

（1）能够清洗烹饪所需的蔬菜水果，知道用手搓洗蔬果表面帮助清洗干净。

（2）能够与同伴合作，根据示意图制作蛋挞、烘焙饼干等简单的食物。

（3）烹饪结束后，知道将餐具厨具按照标识放回原位，并摆放整齐。

（4）懂得厨房用电安全，插电源插头、按插座开关时知道请大人帮助。

（5）知道节约粮食。

5. 农业生产劳动习惯养成标准

（1）能够用绘画的形式对班级种植区内的植物进行观察记录。

（2）能够进行简单的田园辅助性劳动，如铲除杂草、浇水、播种、采摘等。

（3）能够在劳动过程中懂得劳动与动植物生长的关系。

（4）能够和教师一起照料小动物，如给小动物喂食。

（三）大班课程标准

1. 生活习惯养成标准（表 4）

表 4　大班生活习惯养成标准

入园环节	（1）主动向门卫、值班教师鞠躬问好。 （2）主动将晨检绿卡插到卡袋中。 （3）晨间活动时，将小书包摆放整齐。
如厕环节	（1）大小便可以自理，便后能够整理衣服。 （2）如厕时主动排队，上下台阶缓步慢行。 （3）便后主动洗手，并将手上的水在洗手池内甩干再离开卫生间。
用餐环节	（1）知道吃有营养的食物，不挑食，不吃垃圾食品，能够情绪愉悦地进餐，不暴饮暴食。 （2）能够做到餐前擦桌子、进餐后扫地、主动送餐具、清理桌面等清洁工作。
入睡环节	（1）能够自己穿脱、整理衣服，并将衣物放到指定的位置上。 （2）能够安静入睡，午睡期间如厕不影响其他幼儿，醒后不打扰其他幼儿。 （3）起床后能够自己整理床铺。
自理能力	（1）学会系鞋带、整理书包、整理衣柜、整理区域柜等生活技能。 （2）时刻保持衣物整洁，饭前便后主动洗手。 （3）能主动关注教室内外的卫生，并进行打扫。

2. 学习习惯养成标准

（1）学习正确的握笔姿势，能够熟练地掌握各种学习用品的使用方法。

（2）掌握学习前的准备工作及学习后的整理工作。

（3）会主动读书。

（4）能够坚持读完一本书。

（5）讲话时语意明确、声音响亮、吐字清晰。

（6）勤于思考，乐学好问。

3. 礼仪习惯养成标准

（1）家庭礼仪。

①在家里接电话时会说“您好，我是××，请问您找哪位”“请您等一下，我去找妈妈”等接打电话的礼貌用语。

②学会有礼貌地接待客人。知道在别人家做客时应注意的礼节（学说道别用语，并知道对主人的招待表示感谢）。

（2）公共场合礼仪。

①知道按顺序排队是一种文明礼仪行为。如遇到他人有急事时，可让出自己的位置让他人先行。

②知道正确地乘坐交通工具的方法（主动购票、按顺序上下车、上车时不挤不推、礼让老弱病残孕、不大声打闹喧哗……）。

③排队的途中有事情要离开，如果要保留自己的位置，要跟后面的人讲“对不起，请帮我保留位置，我要去拿东西”。

④擤鼻涕时，拿张面纸，按住鼻子，哪个鼻孔有鼻涕就按住另外一个鼻孔，轻轻地把鼻涕擤出来。如果两个鼻孔都有鼻涕，就轮流擤，最好走到镜子前看看是否擦干净。

⑤擤鼻涕的时候，如果在用餐的时候，最好离席，走到洗手间最好。

⑥如果想观看他人的工作，需征求别人的同意，如“请问我可以看你工作吗”。别人同意后，不能干扰别人工作。不希望别人看自己工作时要说“对不起，不可以，不方便”。

（3）基本礼仪。

①能在初次见面时主动与客人打招呼，并能自我介绍和介绍他人。表情自然，声音洪亮，语速适中。

②借来的物品要爱惜，避免弄坏，知道用完别人的物品要及时归还。能大方地借东西给他人。

③能正确使用不同的礼貌用语。

④以柔和友善的目光注视别人，尽可能脸上带着微笑。

⑤在小教室接电话时会说“您好，这是××班，请问你要找哪位”“请你

等一下”“王老师不方便接电话，请问您是哪位”等礼貌用语。

⑥拿着托盘要坐下的时候，先把托盘轻轻放到桌上，再把椅子轻轻拖出来。工作做完后，先起立，将椅子放回原位，再将托盘放回原位。

⑦有急事要打扰别人的时候，要说：“对不起，打扰一下。”

⑧借道时会说：“对不起，借过。”

4. 烹饪劳动习惯养成标准

（1）在烹饪区中尝试榨果汁、制作水果茶、煎鸡蛋、做简单面食等。

（2）能够将叶类蔬菜择好并整齐摆放于盆中。

（3）会剥毛豆，并将剥下的壳置于垃圾桶内。

（4）了解各种蔬菜、水果的营养，懂得基本的营养搭配知识，如吃完虾不宜吃富含维生素 C 的水果等。

5. 农业生产劳动习惯养成标准

（1）能够根据小动物的特点科学喂养，如饲养鸽子、鸡时，在饲料内加入砂砾，帮助磨碎食物。

（2）能够主动观察并记录动植物的生长过程，比较和分析动植物的特征和变化。

（3）能够用工具测量动植物的长短、高矮等。

（4）懂得“一分耕耘一分收获”的道理。劳动是需要长期坚持才能收获甜美果实的过程。

七、课程实施

（一）一日生活中的实施

“小鬼当家”课程在一日生活中的实施主要是通过值日生活动来实现（表 5）。

表 5　小小值日生安排表

项目	工作内容
擦桌子	餐前分毛巾，餐后将桌面擦干净，并将抹布叠整齐，送回卫生间消毒盒内
扫地	负责将地面清扫干净，垃圾倒进垃圾桶，并将簸箕、笤帚物归原位
分餐具	餐前分发餐盘、勺子，布置用餐桌面
抬床	睡前将床摆好，起床后将床抬起收放好
监督洗手喝水	督促小朋友按照七步洗手法洗手，打香皂，并在洗手池上方将手上的水控干，节约用水；监督小朋友排队接水，不浪费水，喝完水将水杯放回杯柜
晨午晚检	给小朋友测体温；检查小朋友的鞋子、外套是否穿戴整齐

（续）

项目	工作内容
园丁	给植物浇水、除杂草、施肥等
帮灶	帮助厨房进行食材预加工，如切菜、择菜、握饭团等

（二）幼儿园轮岗制

“小鬼当家”课程在全园范围内的活动主要是通过各个班级轮岗来实施的（表 6）。

表 6　轮岗活动安排表

项目	每月第一周	每月第二周	每月第三周	每月第四周
小小迎宾员	大一班	大二班	大三班	大四班
光荣升旗手	大二班	大三班	大四班	大一班
厨房小帮手	大三班	大四班	大一班	大二班
动物饲养员	大四班	大一班	大二班	大三班

具体活动内容：

小小迎宾员：每天早上和值班教师一起在幼儿园门口迎接小朋友的到来。

光荣升旗手：每天早上升旗，晚上降旗，雨天将国旗收好。

厨房小帮手：负责帮助厨房将每日烹饪食材进行简单预加工，如清洗、择菜、分切、握饭团等。

动物饲养员：每天辅助教师给园内植物浇水，清理小动物的窝，喂养小动物。

（三）劳动周设置

为拓展劳动教育实施途径，培养幼儿的劳动意识，打通家园及社会的联系，发挥劳动教育的全面育人价值，幼儿园设置劳动周活动，建议各班级每学期至少开展一次。

开展劳动周活动时，一是应注重与生活实际和已有实践活动的有机结合，让幼儿形成经验连接；二是注重与传统活动相结合，注重文化渗透；三是注重劳动的持续性，可选择一些周期稍长的劳动，让幼儿在完成一系列的劳动任务时，养成吃苦耐劳、持之以恒的良好品质。

（四）家庭教育建议

为实现劳动教育的家园紧密合作，制订家庭劳动教育内容及标准，使幼儿在家里也得到劳动教育（表 7）。

表 7 家庭劳动教育内容

内容	标准
烹饪	和爸爸妈妈一起参与烹饪过程，如洗菜、择菜、煎鸡蛋等
擦桌子	用餐后主动收拾餐具；用抹布将桌面擦干净，知道将抹布多余的水拧干，用完后将抹布洗干净并悬挂晾干
地面清洁	主动承担家中扫地、拖地的任务，出门时知道将家中垃圾扔到垃圾桶
整理物品	将自己的衣物叠好并摆放在衣柜内；自己的玩具玩完后物归原位；大班幼儿可以将自己的桌面收拾好并布置温馨
如厕	如厕后冲厕所，将厕纸扔到垃圾桶，主动洗手
洗漱	起床后、入睡前洗脸刷牙擦面霜；大班幼儿每周定时独立洗澡，睡前洗脚洗屁股
照顾植物	给家中植物浇水、晒太阳、除杂草
采购	大班幼儿参与到物品采购活动中，如列购物清单、结算、提购物袋等

生活案例：一起“趣”散步

一、活动背景

（一）活动来源

餐后散步对幼儿的身体健康及社会交往等方面都有着不容忽视的价值，但在目前的散步环节中，大都是教师走在前面，孩子们排着长长的队伍拖拖拉拉地走在后面。这样的情景日复一日地在幼儿园上演，很多幼儿表示不愿意参与散步。

为解决这一问题，我们通过对幼儿开展一对一访谈了解幼儿的想法：1. 幼儿认为散步很无聊。2. 散步路线可以多点选择吗？3. 散步能跟好朋友一起吗？4. 散步时可以做什么？……散步形式、内容的不自主，已经不能满足幼儿“自主、愉悦”的追求，于是我们将散步的主动权交给幼儿，让他们来做主探讨自己想要的散步形式。

（二）幼儿的已有经验

中班幼儿能遵守一定的规则，具有初步的自我控制能力，已经具有比较强的自主选择和自我服务意识，与同伴的合作及交往需求逐步增多。

（三）教师的思考与设计

1. 把主动权归还给幼儿

《幼儿园保育教育质量评估指南》和《指南》中均指出，要支持幼儿参与一日生活中与自己有关的决策。教师应提供必要条件，将如何进行散步的主动权交给幼儿，聆听他们的想法，帮助幼儿成为活动的主人。

2. 相信儿童的力量，成就真实自我

在以往的散步环节中，从路线到内容都是教师大包大揽，这是源于对孩子的不信任。长此以往，孩子缺乏“事上练”，各方面能力都被包裹在厚厚的茧中，得不到释放。我们应学会退位，让孩子在与之成长节拍同频的教育中获得成长。

3. 为健康奠基，生活准备无痕衔接

常言道：餐后百步走，健康到永久。幼小衔接生活准备中也提到养成良好的生活习惯有助于幼儿更好地适应小学生活，因此，教师以此次活动为契机，帮助幼儿掌握健康生活的钥匙，助力幼小衔接平稳过渡。

二、活动内容与过程实录

（一）自主散步前奏曲

中班幼儿已经具有很强的自主选择和自我服务意识，关于自主散步，我想给予幼儿发言权，倾听他们的想法，尊重他们的意愿，让他们成为一日生活的小主人。

1. 我想去这里散步

贝贝：我想去楼下散步，呼吸新鲜空气。
凯凯：我想去走毛毛虫攀爬架，也能消化食物。

孩子们七嘴八舌，意见不一。有人建议把幼儿园画下来，找出所有能去散步的地方。这个办法得到了大家的一致同意，孩子们将幼儿园画在图纸上，自主选择想去的地方。通过提前绘制平面图、路线图，有目的、有计划、有准备地去散步，避免扎堆、拥堵及无目的地闲逛。

教师思考：

自主规划，满足愿望，促进主动思考。散步形式与内容的不自主是导致幼儿不愿意参与散步的重要原因，因此我选择让幼儿畅聊想法，鼓励、引导孩子们大胆说出自己的想法并付诸行动，通过规划路线图将想法进行外显表征。活动促进幼儿主动思考，既增强了他们的散步积极性，又丰富了散步的内容。

2. 散步时我想这样玩

路线图的规划大致分为自然花草区、足球操场区、艺术长廊区、快乐畅玩区、五彩缤纷区。孩子们分享着自己的散步趣事，并在值日生安排表的启发下，制订了一周散步计划表（表8）。

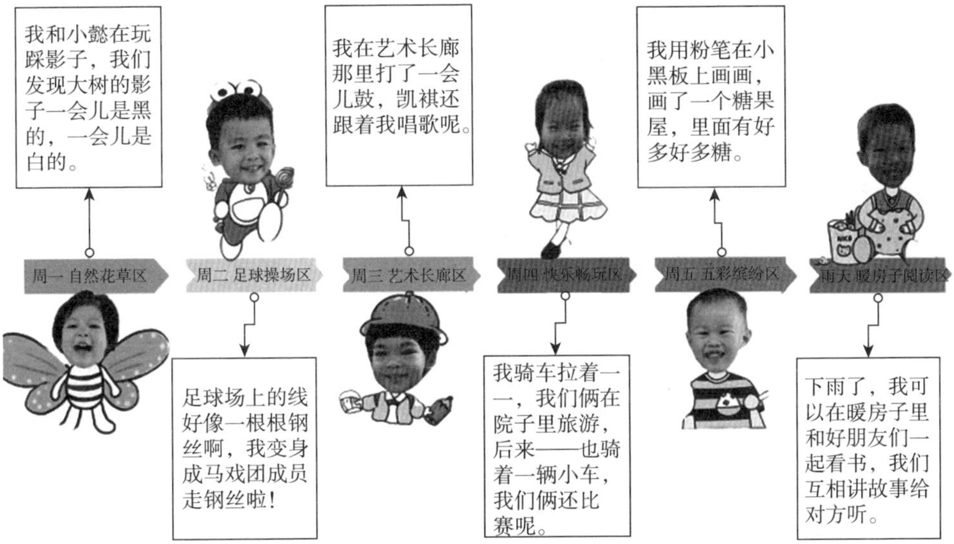

幼儿分享散步趣事

表8 一周散步计划表

时间	区域	内容	准备材料
周一	自然花草区	踩影子、捡树叶 观察植物、昆虫等	放大镜
周二	足球操场区	走“钢丝”、炒黄豆 趣味迷宫、过障碍	无
周三	艺术长廊区	欣赏美术作品、唱歌、表演	服装道具
周四	快乐畅玩区	吹泡泡、骑小车、赛车	泡泡机、小车
周五	五彩缤纷区	随地涂鸦、想象涂鸦	粉笔、颜料、刷子
雨天	暖房子阅读区	阅读、皮影戏	皮影、手电筒

教师思考：

从同伴中学习，助力经验转化。同伴交流的过程也是互相学习的过程，在宽松的交流氛围中，孩子们思考、计划、探索、实践，不断完善散步计划，将从他人身上学习到的间接经验转化为自己的直接经验。在自由自主的氛围中，孩子们用自由的脚步感受着世界的美好：百果园、百花园、小水车、小池塘都美得别有洞天，幼儿园处处都是乐园。

3. 我想和你一起散步

回到教室后，孩子们分享着自己的散步见闻。我关注到牧牧一直坐在位置上不说话，于是走到他身边询问原因。牧牧趴在我耳边对我说："今天只有我自己在散步，我觉得有点孤单。"我拥抱了牧牧，安慰并鼓励他将自己的感受分享给全班小朋友，请大家帮忙解决（图 10）。

图 10

全新的形式让孩子们对散步的期待值直接拉满。为了确保孩子们的安全，老师们进行开会讨论，决定重新规划散步时的看护点位，及时巡回关注孩子们的动态，保障孩子们的安全。

教师思考：

关注幼儿体验，相信幼儿解决问题的能力。当我发现牧牧情绪低落时，及时以安慰鼓励的互动方式让牧牧获得安全感。同时我管住了自己想要包办的心，相信儿童是有力量的思考者，他们可以迁移自身经验，通过与同伴的交流碰撞出解决问题的方法。

（二）自主散步进行曲

从幼儿轻松愉悦的状态中可以看出他们对自主散步形式的喜爱，但由于年龄特点，他们还不能很好地控制自己的行为，安全隐患、规则意识差、缺乏时间观念等问题也开始悄然浮现……

1.《散步公约》的诞生

小涵：楼梯那里太窄了，大家都往前挤，差点碰到我。

小苹果：在外面散步的时候，凯凯和城城一直互相追着跑。

听着孩子们的描述，我意识到问题的发生也显露了一日生活中存在的漏洞，这是一个非常好的教育契机。于是，我们组织召开了儿童会议，将这些问题抛给了孩子们，让他们来想想解决对策。

宣宣：我们可以去找一找，有哪些地方小朋友容易受伤。
城城：马路上有安全标志，我们也可以制作一些贴在那里。

我们一起对幼儿园环境进行了安全排查，找出了楼梯、后院水渠、足球场、水池等多个有安全隐患的地方，并制作安全标识张贴在这些地方（图 11）。

围绕散步时的不同场地、不同伙伴，孩子们也进行了约定。

宁宁：吃完饭不可以剧烈运动，不能在操场上踢足球或者跑跳。
赫赫：后院的水渠那里慢慢走就很安全，乱跑的话会掉进去崴脚。
乐仪：如果想走毛毛虫的话，要一个一个排着队，不能抢。
东东：跟着小队长散步的时候要听小队长指挥。
恩恩：领着小弟弟小妹妹散步的时候，要拉着手，保护好弟弟妹妹。

他们将约定好的内容记录下来，制订成《散步公约》。

图 11

有了安全标识和散步公约，孩子们的散步在有边界的自由中安全进行。但是，由于中班幼儿的自控能力稍弱，因为跑跳打闹而投诉的情况时有发生，于是孩子们又在一起商议解决方案。“小交警”在此情况下应运而生，在他们的监督与维护下，《散步公约》被更好地落地执行。

教师思考：

捕捉儿童的经验生长与学习契机。作为观察者，我随时都在密切关注他们的活动情况。在没有束缚的散步之旅中，安全意识、规则意识、任务意识等问题开始出现。但是我并没有打断，因为每一个问题的出现都是幼儿经验的生发点与学习的契机。作为教师，要善于捕捉教育契机，引导幼儿在一步步的交流讨论中思考、制定共同认可的规则，培养幼儿的规则意识，助推幼儿成长。

2. 散步多长时间比较合适？

解决了一系列的问题后，新一轮的散步有了明显的秩序感。但由于幼儿时间观念的淡薄及任务意识的缺乏，导致午睡时间到了之后，幼儿仍在院子里散步，午睡时间被屡屡耽搁。今天，散步时间结束，我跟孩子们说要回教室睡觉了，离我近的小朋友们听到之后马上回来了，但是离得远的小朋友没有听到，于是我们一起出发去寻找没有归队的小朋友。等到大家全都回到教室，午睡时间已经过去了 10 分钟，大家纷纷表示很累很困了。

茹意：都是因为要去找凯凯他们，才耽误时间了。

凯凯：可是我们也没有听到要排队啊。

宁泽：怎么才能知道要排队呢？

霖泽：可以像自主游戏收区时那样，用广播里的音乐提醒我们。

从孩子们的讨论中，我发现他们掌握了通过广播音乐作为参照物来确定时间的方法，但对时间的概念相对模糊。引导幼儿认识时间，使他们感知时间的存在与流动具有重要意义，我们以此为契机设计了“认识钟表”“拨整点、半点”“感受一分钟”等活动，帮助幼儿在具体感知和亲身体验中感知时长，获得关于时间的经验。孩子们基本认识了整点和半点。大家通过讨论决定，当时间到了 12 点整的时候，小组长就可以请小朋友集合了。

教师思考：

巧借课程支架丰富幼儿经验。幼儿对散步时长的问题进行讨论，反映出他们的时间观念模糊。幼儿现在正处于中班升大班的时期，关于数学认知的学习可以借此契机生发，于是我马上组织活动，帮助幼儿在具体感知和亲身体验中感知时长，获得关于时间的经验。

（三）自主散步交响曲

1. 我们的散步故事

《指南》中指出，要鼓励幼儿用图画和符号表现事物或故事。儿童海报可以很好地支持幼儿探索，呈现幼儿的思维过程与经验。孩子们把自己的散步见闻画成了一幅幅生动有趣的“散步小记”：他们发现杏树又结果了、小蚂蚁排成了长长的队伍、百花园的石头小路要走 7 步……他们将这段快乐的时光以个人海报和集体海报的形式记录下来并分享给身边的小伙伴，定格这份美好的记忆。

教师思考：

儿童海报，助力经验梳理。以儿童海报的形式进行记录可以培养幼儿基于生活的艺术想象力。在创作集体海报的过程中，幼儿通过倾听理解、分工协作、观点采择、换位思考得到社会合作能力的发展。幼儿将自己的散步小记与其他小朋友分享、表达的过程也是梳理和回顾、反馈与评估、调整问题解决方案的过程。

2. City walk 悦享生活

自主散步让孩子们用发现的眼光去感受生活的美好，但是幼儿对于散步本身的价值仍不明晰。我们为幼儿提供了调查单，让幼儿通过调查采访，全面了解散步的好处。他们对于散步的理解也从好玩有趣回归到促进身心健康发展、养成良好生活习惯的初心。

散步的和谐乐章不仅在幼儿园内奏响，延伸出的“city walk”也辐射到了家庭当中。孩子们在家人的陪伴下，制订散步计划，学会管理和规划自己的时间与行动，和家人一起用健康的方式享受餐后散步的时光。居住的小区、周边的公园都是他们的打卡地点，他们在散步中探索和认识世界，感受家人相伴的温情和诗意生活的美好。这样的生活方式不仅为健康助力，而且渗透了绿色出行的环保理念，更让他们在轻松愉快的氛围中游玩和学习。他们用脚步丈量城市的角落，聆听这座城市的历史文化和父辈的故事，品味独特的城市印记，留下永不褪色的生活记忆。

教师思考：

1. 自主计划，培养独立性。他们根据自己的兴趣制定计划，成为活动的小主人，感受自信和独立；通过与家长沟通合作，增强合作意识，增进亲子关系；通过走出家门，认识自己的家乡，感受生活的美好，用脚步丈量这个多彩的世界。

2. 延伸课程，培养健康生活方式。从散步到“city walk”，这是一次健康生活与探索世界的交融。散步是一种全身性的运动，人体有 639 块肌肉，散步时通常有 400 多块肌肉在活动，这一项被低估的运动以一个新鲜有趣的面貌重新走进幼儿的视角，被挖掘被重视，帮助幼儿养成健康的生活习惯，为他们将来进入小学乃至成年后的生活都打下良好基础。

三、活动的特点及价值所在

1. 聚焦儿童立场，倡导自主有序，一日生活皆教育

著名教育家陶行知提出“生活即教育、一日生活皆课程”的理念。我们不能只把集体活动看作是幼儿的学习，而应该把幼儿的一日生活各个环节都赋予教育意义，做到生活教育化、教育生活化。传统的散步环节通常是幼儿“一个跟着一个走”，这样的形式让教师苦于不知道如何组织，让幼儿苦于日复一日的单调。在聚焦儿童立场的当下，我们倡导的是自主、有序、充实、愉悦的教育。在自主散步活动中，教师始终尊重幼儿的主体地位，坚持以问题为导向，深入挖掘散步活动的多元价值。

在这一过程中，幼儿通过思考计划、探索、实践、发现问题、解决问题来进行深度学习。从统一到自选、从跟随到自主、从同班到混班、从走走看看到趣事多多，散步形式的转变给了孩子们更多自主探究、合作学习的机会，他们的独立生活能力、集体生活意识不断增强，积极主动解决问题的意识和能力也在不断发展。

2. 小环节蕴含大智慧，全面促进幼儿能力发展，为成长奠定基石

在自主散步这一个小环节中，蕴含着巨大的成长能量，让孩子们的能力得到了全方位的发展。从健康的角度分析，餐后散步能促进肠胃蠕动，有助于消化，帮助幼儿放松心情、调整情绪，促进幼儿身心健康发展。在《指南》健康领域及《幼儿园入学准备教育指导要点》中都明确指出，幼儿应具备安全防护意识。在自主散步的过程中，幼儿离开成人的视线，该如何保护自己的身体不受伤害，这是幼儿自我保护能力的体现。

在社会交往方面，幼儿能通过自主散步接触与自己不同年级、不同班级的孩子，以及幼儿园里的工作人员。通过与他们的互动，幼儿的社会交往能力及语言表达能力在不知不觉中得到发展；当由地震时用喇叭呼唤联想到散步结束时的提示音乐，这是幼儿经验的迁移；当提示音乐响起的时候，无需他人反复催促，这是个体自我管理能力的体现；如何规划宝贵的 20 分钟，让自主散步真正属于自己，如何在有限的时间里做自己没做完的事、做自己想要做的事，包括他人给予的任务，这都是任务意识的体现。

散步对幼儿科学探究能力的发展也有着潜移默化的影响。观察探索是科学探究的第一步。在户外散步活动中，幼儿用自己的眼睛去观察，用小手去触摸，用鼻子去闻一闻，用小脚去量一量……大自然是天然的乐园，它以独特的神秘性吸引着幼儿、呼唤着幼儿，让幼儿在观察探究中提升感知能力、观察能力和探索能力。

3. 幼儿在前，教师在后；充分的信任与支持给予幼儿广阔的发展天地

在活动过程中，教师始终相信幼儿的力量，不随意介入或终止幼儿的活动，用观察、鼓励和引导促进幼儿的活动持续推进。

（1）细致观察，敏感捕捉。与幼儿进行一对一访谈，发现目前散步环节中的问题，充分发挥幼儿的主体性地位，将自主权交给幼儿，为他们提供充足的时间和尽情表达的机会，让小想法变成可能。

（2）密切关注，支持引导。在活动过程中，教师需要扮演好欣赏者的角色，也许是一个眼神，也许是一句话语。当牧牧孤身一人时、当孩子们过于兴奋而违反规则时，教师及时组织儿童会议，用包容、支持的态度给予幼儿信心与勇气，促使他们不断尝试。

（3）组织讨论，深入思考。当自主散步一次次遇到问题时，老师没有“指手画脚”，而是将幼儿放到平等的地位上来对待，用启发式的问题引发幼儿思考，并通过儿童海报的形式帮助幼儿将经验系统化，促进幼儿深度思考，使活动持续深入。

一个简单的散步活动，在孩子的世界里却有了新的价值。散步是身体与心灵的小憩，是保持张弛有度的生命哲学。不一样的散步之旅给孩子们带来了惊喜，也带给孩子们更多探索的可能。孩子们在行动中思考，在讨论中优化，在锻炼身体的同时发展了自主性、开放性和随机性，在亲近自然的过程中走向更广阔的天地。

（案例提供：孙韶华）

第三节　海纳小战士之“飞跃童年”体适能

体能教育对于孩子们的健康成长具有至关重要的作用。体适能课程涵盖走跑跳钻爬等十八项基本动作，并细分为 89 个分项动作核心标准，我们在此基础上设计了晨间跑酷、体育游戏、海军旗操和蔚蓝宝贝足球课。体适能课程注重培养孩子们的协调性、平衡性、灵活性和力量等各方面的能力，让孩子们在轻松愉快的氛围中锻炼身体，增强体质。我园还被教育部评为全国首批足球特色幼儿园和全国首批足球示范园。

蔚蓝足球宝贝行动计划

《指南》指出，学前期是幼儿身体发育和体能发展极为迅速的阶段，也是个体安全感和学习品质形成的重要阶段。良好的身体、愉悦的情绪、强健的体魄、协调的肢体动作、良好的生活、卫生习惯和基本的生活能力是幼儿身心健康成长的重要标志，也能够为其他领域的学习与发展奠定基础。

作为全国教育部首批足球特色幼儿园和全国首批足球示范园，九龙湾幼儿园将足球教学的培养目标确定为让幼儿体会足球这一体育活动的乐趣，使他们在初步掌握足球技能的同时，实现身心及大脑的健康发育。基于这些理念，我园开发了一系列生活化、游戏化的足球游戏课程，指向幼儿身体动作、心理素质的发展，遵循幼儿身心发展规律，设计了游戏化的足球活动，将趣味性贯彻于幼儿足球教育的全过程。幼儿在游戏中，通过跑、踢、闪躲等大动作的锻炼，增强体力、耐力，发展速度、力量、协调性与灵活性；在游戏中接受锻炼，塑造体育运动的精神和品质，形成乐观、坚持、顽强、勇敢、团结、合作等品质。

一、足球礼仪

了解足球礼仪是对自我与他人的尊重，也有助于提升幼儿作为足球运动参与者的素质水平。对于幼儿而言，足球礼仪有一定的必要性。从幼儿阶段开始，我们就应当重视足球礼仪的培养，这是足球运动发展的基础。重视足球礼仪学习，有助于幼儿形成正确的竞赛观，以及遵守规则、尊敬裁判、尊重对手的道德品质，这些素质为幼儿未来的发展奠定了良好的基础。

以下是足球礼仪的具体要求：

（1）参加训练时，不得迟到或早退，如有特殊情况（如生病或有其他事情），必须提前请假。

（2）无论是前往训练场地还是离开训练场地，都应保持队列整齐，有序行进。

（3）训练前，应将个人书包、装备包等物品摆放整齐，脱下的外套也应叠放整齐并放置在指定位置。

（4）训练时，应穿着规范的足球服装，包括足球训练服、足球鞋、足球袜等。

（5）训练时，应保持注意力集中，如与队友发生碰撞，应相互理解、礼让，并主动道歉或以其他方式表达歉意和友好。

（6）认真完成教师布置的所有任务，听从教师的安排和指导。

（7）训练期间，不得随意离开训练场地。如需离开，必须经过教师同意。

（8）爱护训练器材，训练中积极摆放器材，训练结束后及时回收并归位。

（9）训练结束时，所有队员应主动围绕教师形成半圆，认真听取教师的总结。教师讲话时，应全神贯注倾听，目视教师。总结结束后，队员应深鞠躬，并齐声向教师致谢："老师辛苦了。"

二、教学安全

幼儿对危险的认知水平较低，自我保护意识薄弱，因此，在教学活动中可能存在意外伤害的风险。教师必须高度重视教学安全问题，既要完成教学任务，又要切实保护幼儿。教师应关注足球运动中的安全防范，掌握正确的意外伤害事故处理方法，为幼儿营造一个安全的环境。

（一）重在教育

上课前，教师应了解并熟悉教学内容，宣布活动注意事项，提升幼儿的安全意识，避免足球运动中易引发伤害事故的技术动作，不断提高幼儿对足球运动中危险的预见能力和安全意识，做到防患于未然。

（二）安全防范

（1）足球教学前须进行充分的热身运动，并检查运动场地是否平整、器材是否稳固，确保幼儿安全。

（2）穿着方面，应确保幼儿球衣宽松合体，穿着足球鞋，不佩戴任何饰物，口袋内无坚硬物质，以免在运动中划伤自己。

（3）饮水方面，应适量补水。正常情况下，每 15～20 分钟应补充 200 毫升水。

（4）应配备简单的急救器材。教师需具备一定的急救知识与能力，能利用急救器材处理各种突发情况，并在必要时拨打急救电话。

三、教学活动

（一）教学理念

《纲要》中提出，体育活动要充分尊重幼儿的身体发育规律和年龄特征，避免实施不适宜的专门体能训练。3～6 岁幼儿的思维处于具体形象思维阶段，学习主要基于直接经验，在游戏与日常生活中进行。因此，教学活动内容的组织应尊重幼儿的主体地位，强调综合性与趣味性，避免填鸭式教学。故而，在组织教学活动时，应以游戏形式启蒙幼儿的足球运动思维。

（二）教学方法

1. 创设情境，激发幼儿的学习兴趣

教师应通过游戏情境的创设，调动幼儿参与活动的积极性，促使幼儿主动参与游戏，萌发对足球的兴趣。

2. 鼓励幼儿积极探索

在游戏过程中，教师应提供充足的时间、空间，让幼儿充分尝试和探索，引导幼儿自主发现足球运动的规则，并掌握足球运动的技能。同时，教师应细致观察幼儿的游戏过程，了解学习进程与特点，分析可能的思维活动状态，即幼儿智慧发展水平，必要时给予鼓励与协助。

3. 引导幼儿梳理总结经验

教师应及时引导幼儿总结获得的经验，逐步巩固加强，内化为自己的知识体系。

（三）教学活动组织形式

在帮助幼儿掌握足球技能时，应尊重其身心发展特点，以游戏为主要学习形式。因此，需预先开发与设计游戏活动，且游戏活动的开发与设计须遵循“尊重幼儿，顺应天性，健康体魄，培养意志”的基本原则，根据教学对象与教学目的的特点，在教学中进行有针对性的整合构建。

根据幼儿的年龄特点及足球特性，足球游戏的基本开展形式有以下三种：

(1) 平行式游戏：即幼儿可独立进行，无需相互帮助与竞争的游戏。
(2) 情境式游戏：即设置特定情境，让幼儿依据情境进行游戏。
(3) 趣味竞技式游戏：即以游戏形式开展趣味化的足球竞技活动。

(四) 教学发展目标

年龄段	基本动作	身体素质锻炼	基本战术
小班	能脚掌原地稳稳踩在球上，前后拖拉球，两足弓来回推球，尝试用脚背运球	能够快跑 15 米左右，走跑交替 20 米左右，单脚连续跳 2 米左右	能两人相互传球
中班	能准确踢到网兜里或悬挂着的足球，尝试用前脚掌交替踩球，学会用脚内侧、外侧运球，运球绕杆，射门	能够快速跑 20 米左右，转身向前跑 15 米左右，单脚连续跳 5 米左右，尝试后摆腿跑	能三人相互传球，尝试回转射门
大班	能边跑边踢中网兜里的球，尝试颠球、侧身拖拉，能射地滚球、高空球和掷界外球等	能够快速 10 米往返跑、变速变向跑、侧身交叉跑、小步跑	能在遵守对抗赛规则的前提下，进行小型对抗赛

(五) 教学安排

以中班上学期部分足球游戏教案为例

张开翅膀，左右摇摆

活动目标：

(1) 学习用脚底左右拖拉球，提高控球能力。
(2) 体验完成指令的成功感。

活动准备：

每人 1 个足球。

活动过程：

(1) 热身活动：游戏“做冰块”。

大家一起念儿歌：“做冰块，做冰块，有的大，有的小，有的方，有的圆。”念到最后一个字时，每个幼儿都必须停住不动，并尽量摆出各种不同的身体造型，就像真的被冻住了一样。如有幼儿动了，则出局。如没有人动，教师可说“太阳出来了，冰融化掉了”，幼儿则可以自由行动。

（2）游戏活动。

幼儿站在场地中，一只脚支撑地面，另一只脚拖拉球。随后左右脚交换拖拉球，控制好速度和拖拉球的距离。老师哨声响起，游戏开始，比比谁连续拖拉球的次数最多。

（3）放松活动。

在音乐伴奏下，通过踮脚、抬腿等动作拉伸腿部及臀部肌肉，用足球按摩身体各部位。活动结束，将材料归位。

传接球，学脚法

活动目标：

（1）学习大力踢球及远距离传球。

（2）树立规则意识及同伴合作意识。

活动准备：

足球若干。

活动过程：

（1）热身活动：游戏“老狼星期几”。

师：今天星期一，老狼要来了，小朋友们单脚跳，老狼抓不到；今天星期二，老狼要来了，小朋友们双脚跳，老狼抓不到。（依次往后说，动作可以根据走、跑、爬、抱、蹲、飞、跳等进行）

（2）游戏活动。

游戏玩法：幼儿三人一组，彼此相隔五米，站成正三角形。第一名幼儿大力踢球给第二名幼儿，第二名幼儿将球铲给第三名幼儿，第三名幼儿将球传回给第一名幼儿。以此类推，每三轮互换脚法，五轮后，失误最少的一组为胜。在传球过程中，幼儿只能在直径一米的范围内活动，否则算犯规。

（3）放松活动。

在音乐伴奏下，用足球按摩身体各部位，重点拉伸小腿肌肉。活动结束，将材料归位。

穿越S线

活动目标：

（1）能用脚弓带球，并成功避开障碍物，发展身体的协调性。

（2）体验足球游戏的乐趣，培养坚强勇敢的意志品质。

活动准备：

足球、障碍物 16 个、小徽章若干。

活动过程：

（1）热身活动：游戏“开汽车”。

师：开着小汽车，系好安全带，我们一起去××，你看××大不大，××小不小。(大的时候跳起来，小的时候蹲下，先跳蹲 3 次，然后快速跳蹲 3 次)

（2）游戏活动。

将障碍物分成 2 组，每组 8 个障碍物。每队幼儿排队站在起点线，听口令出发，要用脚弓带球绕过每一个障碍物，如有遗漏，回到起点重新开始。带球绕过障碍物最快的队获胜。胜利队每人获得小勇士徽章一枚。

（3）放松活动。

在音乐伴奏下，用足球按摩身体各部位。活动结束，将材料归位。

对对碰

活动目标：

（1）锻炼躲闪能力和动作的灵活性。

（2）能够遵守游戏规则，体验参加足球游戏的快乐。

活动准备：

用道具摆出一个大圈、足球。

活动过程：

（1）热身活动：游戏“动物变身”。

当听到老师说“蜜蜂来了”的时候，要快速跑起来；当听到老师说“狐狸来了”的时候，扮成一只兔子快速地跳起来；当听到老师说“狗熊来了”的时候，要快速躺在地上装死。

（2）游戏活动。

参加游戏的幼儿分成两组，一组站在圈内，一组站在圈上。站在圈上的幼儿用脚传球，设法让球触碰到圈内幼儿。圈内幼儿灵活躲闪，如果被球击中，则站到圈上成为击球的人。游戏重新开始时，角色互换。游戏时，圈上的人不能进圈，被击中任何身体部位的圈内幼儿都要自觉地站到圈上。

（3）放松活动。

在音乐的伴奏下，用足球按摩身体各部位，拉伸四肢肌肉。活动结束，将材料归位。

猫鼠大战

活动目标：

（1）能用脚底踩住正在滚动的足球，提高脚部的灵活性。

（2）在与足球的互动中体验足球游戏的乐趣。

活动准备：

两种颜色的小猫头饰、贴有小老鼠标志的足球。

活动过程：

（1）热身活动：游戏“小羊爱做操”。

听指令向四个方向变换队形，站成四列纵队。在音乐的伴奏下做热身运动：头部运动、上肢运动、体侧运动、体转运动、跳跃运动。

（2）游戏活动。

先将幼儿分成红、黄两组。“红猫”负责在“小老鼠”的洞口将“小老鼠”足球踢到“小猫”的家门口，“黄猫”负责接住球。必须用脚底踩住球才算抓住小老鼠，否则算小老鼠逃掉。

（3）放松活动。

在音乐的伴奏下，用足球按摩身体各部位。活动结束，将材料归位。

鼓声响起来

活动目标：

（1）通过拖拉球游戏，提高球感。

（2）体验游戏的刺激及与同伴合作的乐趣。

活动准备：

足球若干、铃鼓1个。

活动过程：

（1）热身活动：游戏“小鱼快跑”。

幼儿模仿小鱼的动作，绕着操场进行曲线走跑练习。

师：小鱼是怎么游的？我们一起来学小鱼游吧。谁能游给其他小鱼看看？

教师重点引导幼儿进行下肢的热身运动，如压压腿，转转膝盖、踝关节等。

（2）游戏活动。

教师组织幼儿站成圆圈。当教师敲响铃鼓时，踩球幼儿将球传给相邻幼儿。铃鼓不停，传球持续；鼓声停止，幼儿用脚停球。铃鼓声停止，未停住球的幼儿要表演一个节目。

（3）放松活动。

在音乐的伴奏下，同伴合作进行拉伸运动，并用足球按摩身体各部位。活动结束，将材料归位。

红旗飘飘

活动目标：

（1）能模拟解放军战士训练的情境，提高带球行进和停球能力。

（2）体验竞技足球运动的乐趣，萌生自豪感。

活动准备：

足球若干、呼啦圈若干、解放军帽、小红旗每人1支。

活动过程：

（1）热身活动：游戏“切水果”。

当老师喊出不同水果的名称时，孩子们跳起来喊“切切切”。如果老师喊出的不是水果，孩子们则摇手说“不能切”。

（2）游戏活动。

①幼儿每人一个足球，手拿小红旗离呼啦圈营地一定距离。当听到信号后快速带球跑向营地。进入营地后把球停住，并举起小红旗，示意此营地已被占领。游戏可重复进行。

②必须人和球一同进入营地后才能举起小红旗。

③当一人站在营地中举起小红旗后，说明这个营地就是他的，其他人不能再去抢占。

④教师可以根据幼儿的游戏情况，调整幼儿与营地的距离。

（3）放松活动。

在音乐的伴奏下，同伴间采用面对面、背对背合作的形式拉伸后背及腹部肌肉，用足球按摩身体各部位。活动结束，将材料归位。

不倒翁

活动目标：

（1）练习同伴间合作传球，提高定向传球的能力。

（2）增强游戏的趣味性和同伴间的合作能力。

活动准备：

足球、不倒翁头饰。

活动过程：

（1）热身活动：游戏“手臂风车”。

老师喊“小风来了”，孩子们慢慢转动手臂，跟着音乐转动；喊“大风来了”，快速转动手臂，继续跟随音乐转动；喊“龙卷风来了”，则原地快速转一个圈。

（2）游戏活动。

幼儿相隔一定距离围成一个大圈。一名幼儿站在圆圈中间扮演不倒翁。不倒翁开始左右摇摆的时候，外围幼儿进行接力传球。当不倒翁停下来的时候，脚下有球的幼儿立即将球停住，并射向不倒翁。不倒翁可以在指定圈内进行躲闪，如被球碰到，将被替换，由踢球幼儿扮演不倒翁。反之，由原幼儿继续扮演不倒翁，继续游戏。

（3）放松活动。

在音乐的伴奏下，用足球按摩身体各部位。引导孩子们进行深呼吸，放松身心，同时进行简单的拉伸运动。活动结束，将材料归位。

沙地球球乐

活动目标：

（1）练习脚背运球，掌握软垫运球的基本技巧。

（2）积极参加多样化的足球游戏。

活动准备：

物质准备：软垫 4 个、足球 26 个、奖章 26 枚、呼啦圈 4 个。

场地布置：将游戏道具作为出发小路、沙漠、绿地，连成一条挑战线。

活动过程：

（1）热身活动：游戏“镜像模仿大赛”。

教师随着音乐的节奏做出各种简单的身体动作，如“转转头”“弯弯腰”“跳一跳”等，幼儿需迅速模仿教师的动作，比谁的反应最快，模仿得最像。

（2）游戏活动。

幼儿分成四组，人手一个足球。幼儿用脚背运球，从小路出发，运过沙地，到达绿地，将球运至呼啦圈池塘内。各组进行比赛，运球速度最快的一组获胜，将获得一枚奖章。

（3）放松活动。

在音乐的伴奏下，用足球按摩身体各部位。活动结束，将材料归位。

球球进圈

活动目标：

（1）能运用拖拉球、拨球、踩球等动作做游戏，增强球感，提高反应力。

（2）体验与伙伴一起玩足球游戏的乐趣。

活动准备：

足球 26 个、彩色呼啦圈 8 个。

活动过程：

（1）热身活动：游戏“彩虹跑道竞技”。

男女幼儿分为两组，教师手持彩旗发出起跑指令，幼儿沿着彩虹跑道进行折返跑。比赛谁的反应更快，谁的速度更胜一筹。

（2）游戏活动。

幼儿用脚带着足球在不同颜色的呼啦圈旁边拖拉球。当听到“起风了”“狼来了”等信号时，快速地把足球带入呼啦圈里；当听到“风停了”时，再次把球带出呼啦圈。可重复进行游戏。

（3）放松活动。

在音乐伴奏下，用足球按摩身体各部位。引导幼儿进行深呼吸，放松身心，同时进行简单的拉伸运动。活动结束，将材料归位。

小动物探险

活动目标：

（1）练习运用内脚背、外脚背快速变向带球，提高控球、射门的能力。

（2）能与伙伴一起在愉快的情境游戏中体验乐趣。

活动准备：

拱门 4 个、足球 26 个、软垫 4 个、障碍物若干、小动物头饰 26 个、糖果 1 盒。

活动过程：

（1）热身活动：游戏“数字跳跃挑战”。

幼儿围成一个大圈，教师随机喊出一个数字，如“6”，幼儿需迅速数出六步并跳跃到相应位置，随后再跳回原位。

（2）游戏活动。

幼儿戴上自己喜欢的动物头饰，运用不同的运球技能走过小路，钻过拱门，穿越重重障碍，最后将球踢进球门，换取糖果。

（3）放松活动。

在音乐的伴奏下，幼儿围成一个圈做轻松的拉伸动作。

圆圈传球

活动目标：

（1）提高传接球能力，增强身体的灵活性。

（2）感受足球集体游戏的乐趣。

活动准备：

足球若干。

活动过程：

（1）热身活动：彩虹伞接力大赛。

将全班幼儿分为两队，每队站在彩虹伞的一角。游戏开始，每队的第一名幼儿需抓住彩虹伞的一角，快速跑到对面并交给下一位幼儿。

（2）游戏活动。

幼儿围成一个圆圈，教师指定一名幼儿当传球者。游戏开始，第一个传球者跑到圆圈中央后，将足球传给圆圈上的任意一名幼儿，接球的幼儿迅速带球跑向圆圈中央，继续传球。其他幼儿在圈内移动，避免被传球者选中。游戏持续进行，直到教师喊停。最后留在圆圈中央的幼儿将表演一个才艺，然后游戏重新开始。

（3）放松活动。

幼儿可以自由地在垫子上翻滚、伸展，享受放松的乐趣。

听信号踩球

活动目标：

（1）通过游戏提高踩球能力，增强下肢力量和身体的灵活性。

（2）通过模拟交通情景，了解基本的交通规则和安全意识。

活动准备：

足球 26 个、交通标志物 1 组。

活动过程：

（1）热身活动：交通信号灯游戏。

教师扮演交通警察，幼儿扮演小司机。教师手持交通信号灯模型，幼儿根据信号灯的颜色变化做出相应的动作，如红灯停、绿灯行、黄灯准备。

（2）游戏活动。

幼儿根据教师的口令进行踩球技能的练习。当教师举起“绿灯”牌子时，幼儿就双脚交替踩球向前走；当教师举起“红灯”牌子时，幼儿需立即停止踩球，保持静止状态。通过这种方式，幼儿不仅锻炼了身体的协调性和反应速度，而且懂得遵守规则的重要性。教师会根据幼儿的表现适时给予鼓励和指导，确保每个孩子都能在游戏中得到乐趣和锻炼。

（3）放松活动。

让幼儿在音乐的伴奏下自由地做舒缓的动作，如轻轻摇摆身体、旋转手腕和脚踝，让身体得到彻底的放松。

足球宝贝小火车

活动目标：

（1）感受足球集体合作游戏的乐趣。

（2）增强身体的灵活性和协调性。

活动准备：

足球 26 个、火车道具一组。

活动过程：

（1）热身活动：游戏“火车头带领”。

教师扮演火车头，幼儿一个接一个地抓住前面小朋友的衣服，模仿火车前进的样子。教师带领幼儿进行各种方向的移动，如前进、后退、转弯等，锻炼幼儿的协调性和平衡感。

（2）游戏活动。

幼儿分为两队站成两列，前后幼儿保持一定的距离。幼儿两脚分开站立，弯腰下压。教师说“开始”后，第一名幼儿用手把球从胯下传给第二名幼儿，第二名幼儿再用手把球从胯下传给第三名幼儿，依次类推，直到将球传给最后一名幼儿。游戏过程中，教师要监督幼儿是否保持正确的姿势和距离，确保游戏顺利进行。当球传到最后一名幼儿时，该幼儿需要快速跑到队伍的最前面，继续开始新一轮的传球。

（3）放松活动。

教师播放轻柔的音乐，让幼儿伴随音乐自由地做舒缓的动作，如轻轻摇摆身体或模仿小动物的动作，在愉快的氛围中结束活动。

娃娃趣味赛

活动目标：

（1）初步了解足球比赛的基本常识，懂得队友之间不能抢球，要相互配合。

（2）体验足球竞技比赛的乐趣。

活动准备：

足球 1 个、两种不同颜色的球服（背心）。

活动过程：

（1）热身活动：游戏“萝卜蹲”。

教师指定穿红色衣服的幼儿先蹲，并同时大声念口诀："红萝卜蹲，红萝卜蹲，红萝卜蹲完白萝卜（紫萝卜）蹲。"当念到白萝卜时，穿白色衣服的幼儿重复同样的动作，并继续念口诀。直到所有幼儿都参与过一次。

（2）游戏活动。

幼儿分成两队，每队三人，在 10 米×20 米的草地上把足球踢进对方一队的球门。同队的队员之间不能相互抢球，在规定时间内进球多的队伍获胜。

（3）放松活动。

幼儿围成一个圈，跟随音乐做轻松的拉伸动作。活动结束后，教师提醒幼儿将所有活动材料归位，并对活动进行总结。

小鱼游啊游

活动目标：

（1）提高带球能力，增强身体的灵敏度。

（2）体验足球集体游戏的乐趣，提高与伙伴合作游戏的能力。

活动准备：

足球 26 个。

活动过程：

（1）热身活动：鱼儿游动。

教师带领幼儿通过扭动身体和摆动双臂来模拟小鱼在水中游动的样子。幼儿在音乐的伴奏下自由地游动，教师提醒幼儿保持身体的平衡性和协调性。

（2）游戏活动。

将幼儿分成两组，一组幼儿扮演小鱼，在固定的场地中自由带球游戏。另一组幼儿扮演大鱼，负责追逐并尝试抢夺"小鱼"的足球。游戏规则是"小鱼"必须保证球在自己脚下，而"大鱼"则需要通过策略和速度来抢夺球。当"小鱼"被"大鱼"触碰到时，需要交换角色，这样可以保证每个孩子都有机会体验不同的角色。

教师在旁边观察并确保游戏进行得安全有序，同时鼓励孩子们在游戏中发挥团队合作精神。

（3）放松活动。

幼儿躺在垫子上，进行深呼吸和放松全身肌肉的练习。教师可以引导幼儿想象自己是一条在大海中自由游动的小鱼，随着海浪轻轻摇摆，感受身体的放松和舒适。

（案例提供：孙韶华、侯小丽）

第三章

海纳课程之立德——海之魂

爱国是一个人的立德之源，立功之本。《中华人民共和国爱国主义教育法》的出台，加强了对爱国主义教育的支持力度。立德课程培养幼儿拥有海纳百川的胸怀、向美而生的情怀和海军坚忍不拔的精神品质，包括意志和勇气，责任和担当，合作和奉献，具有国际视野和家国情怀。

第一节　筑梦海魂之“童心向党”课程

一、课程价值

我园将每年7～9月定为红色文化主题月，通过与社区联合开展“龙娃微党课”“小海军微军训”等游戏体验式课程，让幼儿铭记革命历史、传承革命精神，实现从“小萌娃”到“小战士”的蜕变。

军人的形象伟大、崇高、神秘。每次在幼儿园的学习活动中，如果有涉及解放军的内容，孩子们总是很兴奋，讨论起来滔滔不绝。根据孩子们的好奇心理及他们对军人的崇拜，我园特别聘请威海正己少年的教官来到幼儿园开展了为期三周的“乘风破浪，筑梦深蓝九龙小海军微军训”活动。微军训活动满足了幼儿想做解放军的愿望，锻炼了他们在学习、生活中不怕苦、不怕累的意志，弘扬了遇到困难坚持到底的精神，认识到集体纪律的重要性。

（一）丰富的军事训练项目培养幼儿坚忍不拔的意志品质

主题活动安排中有五大领域的活动，旨在引导幼儿了解一些有关中国军队的小知识。军事训练项目包括军人姿态、内务整理、稍息、立正、跨立、敬礼与礼毕、少年中国说、餐前训导、四面转法、旗语训练、持枪姿势、整理着装等内容。起初得知孩子们需要训练这些项目时，老师们内心的想法是：这么小的孩子要练习这些相对枯燥的项目，他们能够坚持下来吗？他们能坚持多久？但是第一天的训练下来，孩子们的表现让大家刮目相看，他们远比我们想象的要坚强得多。在烈日下，当教官们一遍又一遍地重复教授动作时，孩子们没有退缩，每一个动作都能做到干脆有力，精神状态饱满。

（二）培养幼儿良好的生活常规

餐前训导和内务整理等活动的练习培养了幼儿良好的生活习惯。叠被子对于孩子们来说不是陌生的事情，但是将被子叠成“豆腐块”对于孩子们来说倒是很新奇的事情。孩子们看到在教官的整理下，平时“不听话的被子”很快变成了四四方方的“豆腐块”，都赞不绝口。

（三）对幼儿的全面发展意义深远

微军训活动让老师和孩子们都收获满满，家长朋友也由衷地感受到孩子的成长与变化。当教师将孩子们现场练习的视频、照片传至家长群里时，家长朋友们都赞不绝口，纷纷竖起大拇指。

在整个活动中，我们充分尊重幼儿的兴趣，和孩子们一起认识中国的兵种，增长见识；发现幼儿对种类众多的武器非常感兴趣后，我们通过与幼儿的交谈确定对孩子们最喜欢的三种武器进行研究。活动中，家长朋友们也给予了充分的支持与配合。国家层面爱国教育的熏陶，幼儿园环境的影响及家庭环境的支持，三者互相配合，协调统一。这种教育的统一性对孩子们产生的影响意义重大，教育价值不言而喻。

二、主题式探究课程案例：我是勇敢小小兵——微军训时光记

（一）活动背景

九月初的一天，瑾瑜穿着一身迷彩服来到了幼儿园，好几个孩子围了上去。珺珺：“你不是解放军，怎么也穿迷彩服呀？”瑾瑜：“我哥哥在学校军训，所以妈妈就给我买了解放军的衣服。”“军训是什么啊？”“我姐姐的学校也在军训呢。”孩子们围绕这个话题说得不亦乐乎。“那我们幼儿园有没有军训呢？”“我们也可以穿着迷彩衣，像大哥哥、大姐姐那样军训吗？”

基于孩子们对军训活动的好奇与对解放军叔叔的崇拜之情，我们思考如何延续“红七月”主题的爱国主义教育，充分挖掘“军训”的优秀教育资源。结合我园实际与幼儿发展需要，我们尝试开展具有实践性、体验性、挑战性的“微军训”主题教育活动，让幼儿体验军人“服从命令听从指挥”的作风，增强纪律意识，提高自我控制能力和与同伴合作能力，锻炼勇敢、自信、坚持和不怕困难等良好的个性品质。同时，在争当合格小小兵的过程中发展基本动作，提高动作的协调性和灵敏性，促进幼儿实现全面、富有个性的发展。

（二）活动实施网络图

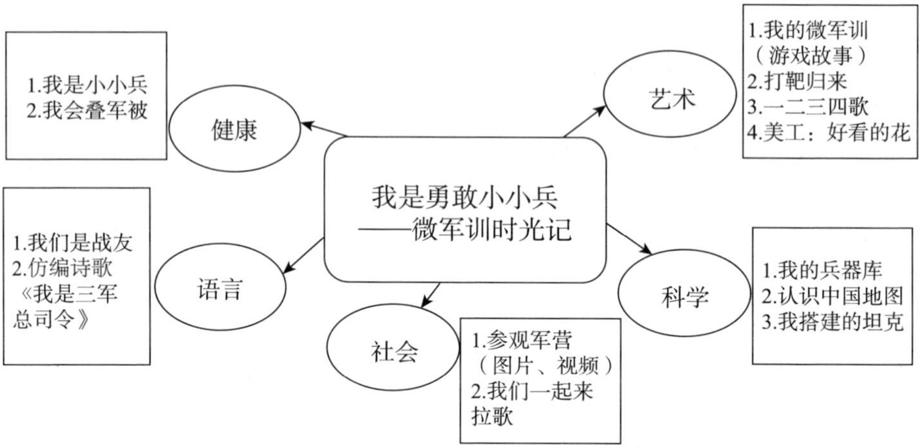

（三）活动资源准备

1. 幼儿园主题环境准备

（1）将幼儿“我是小小兵”的调查表展示在主题墙上。

（2）将家长和幼儿共同收集的有关军事方面的资料，如解放军训练、阅兵、作战的图片、照片等展示在主题墙上。

（3）收集各种武器兵器的模型并布置在“海陆空武器”展台上。

（4）将孩子在区域活动中点彩的“迷彩小兵”展示在主题墙上。

（5）布置“我制作的兵器”展。

（6）将“参观军营见闻”“仿编诗歌《我是三军总司令》”布置于室外“请听我说”专栏。

（7）通过主题墙、作品展板，及时展示各项活动。

2. 家长与幼儿准备

（1）通过《给家长的一封信》，与家长交流活动主题，把孩子的问题告诉他们，让其有充分的准备回答孩子的问题，并与孩子一起收集、调查，能积极配合活动。

（2）请家长协助孩子收集有关解放军的资料，包括图片、照片、海报、图书、新闻资料等。

（3）请家长结合主题，给孩子讲述解放军叔叔守纪律、刻苦训练、听从指挥、不怕牺牲的故事，激发孩子向解放军学习的愿望。

（4）在日常生活中鼓励孩子学习解放军做事迅速、独立自信、不怕困难等品质。

（5）在活动后期邀请家长来园参加孩子的“结营仪式”活动，关注孩子们的成长。

（6）帮助孩子在家中记录自己的微军训游戏故事，让孩子讲述自己今天的军训心得。

（7）与孩子一起观看抗美援朝纪录片，帮助孩子了解历史，激发孩子热爱祖国、报效祖国的决心。

（四）活动实施阶段

活动持续了三周，具体活动内容见表 9～表 11。

表 9　第一周活动

活动名称	活动目标	实施方式
参观军营	1. 帮助孩子了解解放军叔叔的日常生活与训练情况，满足孩子的好奇心。 2. 激发孩子学习解放军勇敢坚强、不怕苦不怕累的精神。	集体活动
我是小小兵	1. 学习匍匐前进，增强幼儿上下肢的力量。 2. 进行综合练习活动，发展幼儿的平衡、协调能力，增强投掷力量。 3. 培养幼儿勇敢坚韧、勇于克服困难的精神。	集体活动 区域活动
我会叠军被	1. 帮助孩子学习叠军被的方法。 2. 培养孩子耐心、细致的学习品质。	集体活动 区域活动 生活活动
我是三军总司令	1. 引导幼儿欣赏诗歌，理解诗歌的内容，感受诗歌的情趣。 2. 初步了解诗歌的句式特点，尝试利用象征手法仿编诗歌。	集体活动 区域活动

表 10　第二周活动

活动名称	活动目标	实施方式
我们是战友	1. 帮助幼儿了解抗美援朝志愿军的英雄事迹。 2. 知道在祖国有危险时，无数人挺身而出，初步萌发保家卫国的意识和决心。	谈话活动 集体活动
中国地图	1. 认识中国地图、山东省地图，了解我国与朝鲜在地理位置上的特殊关系。 2. 知道山东省 4～5 个主要的市区名称及位置。 3. 感受中国各省市地图的轮廓像什么，发展幼儿的想象力，初步树立版图意识。	集体活动 区域活动
我的兵器库	1. 了解中国古代和现代的主要兵器。 2. 感受兵器的造型美。	集体活动 区域活动
我搭建的坦克	1. 认识坦克的基本特征和外部结构。 2. 能自主选择积木并完成坦克的搭建。 3. 能在分享中表达自己的想法，倾听别人的观点。	集体活动 区域活动

表 11 第三周活动

活动名称	活动目标	实施方式
一二三四歌	1. 让幼儿感受军旅音乐的特点，体会军人的精神风貌。 2. 通过欣赏和学唱，帮助幼儿体会气息对歌曲演唱的作用。 3. 喜欢倾听和了解军旅音乐和歌曲。	集体活动 分组活动
打靶归来	1. 能够有感情地演唱歌曲。 2. 能够在老师的引导下完整地跟伴奏演唱。 3. 唱出军歌铿锵有力、意气风发的精气神。	集体活动 区域活动
我们一起来拉歌	1. 帮助孩子了解拉歌的特点。 2. 感受拉歌独特、热烈的气氛。	谈话活动 集体活动
好看的花	1. 认识各种花。 2. 了解各种花的花语。 3. 爱花，愿意和花做朋友。	集体活动 区域活动

（五）活动实录

“我是小小兵”野战营变身记

幼儿最近对“军人”有着浓厚的向往与崇拜。在野战区游戏中，孩子们根据幼儿园场地的高低变化，利用滑梯、炮台、山洞、轮胎、迷彩网等道具巧妙设计军事职业角色游戏区域。在这里，孩子们模仿解放军叔叔英勇杀敌，举根棍子就是三军总指挥，拿个玩具枪就秒变狙击手，捡一堆树叶就是炸药，谁的嗓门大谁就是指挥官，扔一个矿泉水瓶子就是炸弹，拎一个纸箱子就说是武器库。在一次游戏分享环节时，我听到了这样的声音：“红队怎么跑到我们阵地里来了；滑梯一点都不隐蔽，刚上去，就被手榴弹砸下来了；指挥官去哪了，伤员太多了，谁来救救他们……”角色太乱体现不出孩子们角色的分工与发展，于是有了“野”出趣味，“战”出精彩的游戏故事。

教师预期：

幼儿通过已有的角色游戏经验，发起军事对战，模仿和扮演军人的不同角色。

1. 通过观察、探究军事职业体验游戏中的各种角色，增加幼儿对军事职业的了解。

2. 进一步支持幼儿扮演与表演的需求，鼓励他们在游戏中体验和同伴合作的乐趣，促进幼儿的社会性发展。

3. 根据幼儿对角色游戏的兴趣与探索，将角色游戏中的学习品质融入主题课程中，激励幼儿朝着心中的英雄梦不断前进，成为新时代军人正义的化身。

结合之前野战区的游戏经验，孩子们用大块塑胶积木搭建了一侧高高的战壕。进入战场后，孩子们迅速进入角色状态，右手拿“枪”（玩具枪）左手拿“弹”（玩具炸弹），嘴里时不时发出“biubiubiu”的射击声。整个游戏过程持续了四十多分钟，老师耳边传来了各种声音：他的枪总是对着我；他怎么跑到我们战壕里来了；滑梯一点都不隐蔽，刚上去，就被手榴弹砸下来了；别跑，你被我炸死了，你还在跑。放眼望去，野战区虽战况激烈，细看却乱作一团，甚至出现存在安全隐患的打闹游戏……孩子们纷纷附议，表述了游戏中出现的各种问题。

第一阶段——角色初显

兴趣是游戏高效高质开展的前提，从之前游戏的持续时间及幼儿的游戏状态可以看出，孩子们对军人角色游戏的喜爱程度。但由于孩子们缺少关于“打仗”的认知经验，故不能准确把握角色职能，对于角色关系也不明确，游戏情节简单，行为随意性较大。如全场追着同伴跑、敌友不分、乱“开火”等。于是，教师与孩子们进行第一次儿童会议，记录了他们在敌我不分的角色问题中的讨论过程与解决方法。

1. 角色从分队开始

泽伟说：“我们可以分成两队，穿上不同颜色的服装，代表敌军和我军。”

“对，我们的衣服颜色不一样，帽子也可以不一样。”小允接着说。

雨宸说：“不同的装扮，打起仗来就更精彩了。”

盈萱说：“幼儿园体能区的柜子里有两种不同颜色的队服，我们可以搬出来，选择喜欢的颜色装扮自己。”

“还可以在帽子上系上不同颜色的彩绳，这样就能区分敌方和我方。”小萌说。

小爱继续说：“那我们还要扩建两队的军事基地，战壕已经不能保护我们了。”

“对，滑梯、战壕已经暴露了，他们都知道我们会躲避在那里。”小毅继续说。

讨论之后，孩子们带着问题和解决办法，动手绘制出“分队”和“新基地”的设计图。从游戏计划图中来看，不仅有我军与敌军的分队，还呈现了两军扩建的新基地。

2. 角色从 2 到 N

小北搬来好多塑胶积木，并一个个垒高，摆成一堵高高的墙（战壕）。雨宸突然说：“小北，我军的堡垒不容易看清敌人，又保护不了自己。我看电视里军人的头从堡垒露出来容易被打到。”

“那我们要搭建有洞的堡垒，专门给狙击手架机枪用。我的梦想就是一名厉害的狙击手呢。”小北边搭建边说。于是，他们找到塑胶积木块，运用架空与互锁技能搭建堡垒洞口。

对方基地的小毅“参观”完另一方的建构成果后，说：“我军的基地可以多设计几个不同功能的堡垒，有真堡垒掩护我们自己，有假堡垒迷惑敌人。”“对，我看过的军事电影中还有高高的瞭望台，指挥官在高高的瞭望台上用望远镜能看到敌人进攻的情况，再通过通讯员通知战友下一步是进攻还是防守。”盈萱接着说。两队边说边开始搭建真假堡垒和瞭望台。小爱和雅宁把迷彩网架空在篮球架子上，发现中间的迷彩网会塌下来，于是二人又滚来了和球架高度差不多的油桶立在中间，迷彩网终于被架起来了。他们接着搬来垫子，先尝试了一遍匍匐前进，很成功。

小允和三位小女孩把塑料积木运到场地靠边的位置，垒高搭建出高低不同的造型。梓萌说：“我们可以用旁边的高梯子作为通讯员的通信塔，用望远镜来观察前方的战况。”随后，盈萱和小瑞搬来了 2 个高梯子，对称地放到瞭望台的两边。大约历时 23 分钟，新的基地和高高的瞭望台搭建成功了。

教师的支持与回应：

孩子们能根据老师提供的各种材料，自主选择场地、材料、伙伴、游戏内容。从垒高、架空到搭建堡垒、瞭望台，可以看出孩子们不断探索材料的玩法，边搭建边思考多种角色的定位（增加了“狙击手”“指挥官”等角色）；利用现有的梯子、帐篷、轮胎、迷彩网、体能材料创意搭建了瞭望台、射击口等建筑物，不仅体现了“军事基地”多个建筑群的结构设计，而且根据建筑物设想不同的角色。孩子们不断调整、丰富和完善设计，逐渐融入新的角色，巧妙地将角色游戏与建构游戏相结合，为后续角色游戏的开展奠定基础。

第二阶段——赋予角色

随着游戏的推进，新的问题出现了。两队对战后，孩子们认为想要打胜仗要有充足的武器和专业的作战技能，于是第二次儿童会议主要解决“如何充盈武器库——自制除了玩具枪之外的多种武器”。

1. 充盈武器库

之前的游戏中，孩子们使用的武器主要是成品的玩具枪和炸弹，完全满足不了他们对战的使用量和掩护功能，所以孩子们思考和交流讨论后提出了添加更多不同功能的新武器的想法。

洧洧把平时玩转的魔尺变成了三种造型的枪：51 式手枪、左轮手枪、冲锋枪。雨宸把两个 36 段的魔尺和洧洧的枪组合变成机枪。造型成功后，他们拿着枪对着前方的霖霖进行“射击”。当霖霖手握纸枪准备回击时，却发现纸枪已经破损。这时，盈萱到美工找到了一块厚厚的泡沫板，先画上枪支轮廓，再用剪刀剪出了一把重量很轻的手枪。

一鸣和小爱用废旧报纸团做成炸弹，用力扔向敌人，却没有扔到敌军的阵地里。小北加入游戏，说："体能区有很多沙包，用它当炸弹多好呀，肯定能扔到敌方的阵地里，我们一起试试吧。"

2. 教官神助力

有了"真枪实弹"后，再次对阵的战况比之前激烈多了。但是孩子们在战场上使用武器的姿势五花八门，有的拿着枪指着头部射击，有的把枪别在裤腰中，持枪时容易掉。在穿过迷彩网阵地时，有的小兵匍匐前进的速度太慢或动作不标准，容易与后面的小兵发生身体触碰。孩子们迫切地需要一名真正的军人教授他们正确的持枪姿势和匍匐前进的要领。

为了满足孩子们对专业军人作战技能的需求及对军人角色的真实认知，我们专门邀请天安门国旗护卫队退役班长曲教官走进幼儿园，为孩子们示范讲解持枪姿势和匍匐前进的要领。

3. 医护职责细

小沫说："荔枝医生，前方一名伤员的肚子中枪了，需要把子弹取出来。"

腾腾伤员在护士的搀扶下走进医院。医生们正在忙碌着，在小沫护士的喊声中，才注意到这位伤员。伤员捂着肚子，嘴巴里喊着："医生，我的肚子里有子弹，快帮我取出来吧。"这时，医院里的医生和护士们都上前救助伤员。医生直接拿出手术刀在伤员衣服上划了一下。伤员提醒说："医生，你没有给我听心跳。有没有打麻药?"医生这才拿出针管，往伤员的身体里注射了"麻醉药"。又来了一位伤员，医生和护士都离开了腾腾，全部去救这位伤员，腾腾说："我还躺在这里呢，你们都不给我治疗了。"整个战地医院的医生护士跑来跑去，没有人回应。

因此，在第三次儿童会议中，大家提出了医生和护士职责不明确的问题。发现问题后立刻解决问题，孩子们重新布置医院的环境，把服装、听诊器、工作牌等材料分类摆放，动手绘制护士和医生的工作流程图，张贴在医院的明显位置，以环境隐性指导的方式提示幼儿角色分工与职责。

教师的支持与回应：

游戏内容由幼儿自主发起，游戏情节由幼儿自主推进。游戏中遇到困难时，教师适时提供支持和帮助，激发幼儿自主解决问题，有利于幼儿在同伴交往、角色认知、解决问题、游戏水平等方面得到快速发展。

（1）在交流讨论中，幼儿提出已有的生活经验和自己的新想法，如发现游戏过程中单一的打枪没有趣味，于是幼儿收集材料，分工合作，变废为宝，制作了各种各样的枪支弹药。活动又从手工制作延伸到了科学领域中对不同材料的感知和利用。

（2）为增强幼儿的角色意识和角色扮演能力，教师第二次介入，邀请军队教官对小小兵们在持枪手法、匍匐前进、战地布局等方面进行指导，使角色游戏顺利开展。

（3）教师借助分享交流环节，帮助幼儿分析游戏中存在的问题，探寻解决问题的方法，分享经验。在战地医院游戏中，教师在观察到幼儿对各自角色的分工不明确时，第三次介入，及时组织幼儿讨论，通过讨论进一步明确角色职责，提高解决问题的能力。

第三阶段——实地决战

1. 重走长征路

由于沉浸于游戏中的“战火与硝烟”，孩子们特别想看看真正的军人是怎么打仗的。在观看了《长津湖》《万水千山》等军事题材的电影后，孩子们对《万水千山》中红军走长征路的情节产生了浓厚的兴趣，于是，自发绘制重走长征路中的通关要塞。在基地改造设计中，增加红军长征的标志性建筑物，把飞夺泸定桥、穿越封锁线、爬雪山过草地、激战腊子口等电影中的情节变成了实战之路。根据设计图纸，孩子们运用梯子、轮胎、垫子、粗麻绳设计出相似又具有难度的闯关之路。号角声响起，战火烟雾中，孩子们突破种种艰辛，用坚强的意志重走一遍长征路，体验到红军的坚定信念、奋斗不息的革命精神。

2. 军事演习

“这里是战壕，前锋队的军人可以趴在里面，敌人就打不到了；这里是瞭望台，指挥官爬到最顶端就可以看到敌人都藏在什么地方了；这里是射击口，冲锋队可以在这里进行射击；这里是弹药库，炮兵可以从这里运输弹药；这里是医院，是救治伤员的地方；这里是我们要攻占的敌方基地，谁先占领这个位置谁就胜利了……”

在双方的军事演习中，本着对游戏精益求精的态度，孩子们用自己的方法一遍遍地“推演”战斗，最终设计部署了自己战地的布局与角色分工，以投票的方式重新选出两军中的多种角色：雄狮三连和军鹰二连的连长（指挥官），配合指挥官作战的侦察兵、突击手、狙击手，战地医院的医生、护士，号角军、信号军等。推演之后，两军角色分工越来越明确，站位与职责更加清晰。随着战斗音乐的响起，孩子们马上投入真实的游戏情境中。

教师的支持与回应：

实地决战是整个游戏的高潮。孩子们将军人艰苦奋斗的形象与爱国爱家的情怀展现得淋漓尽致。游戏中，孩子们选择适合自己的角色，贴近角色，塑造角色，在积累游戏经验的同时，也发展了与同伴交往、沟通等社会性行为。由此，一批优秀的军人脱颖而出。

（1）游戏情节从简单到深入，充分体现幼儿的自主性。自主选择材料、场地、伙伴、角色、游戏内容等，经过探索实践，游戏内容与游戏形式也不断地丰富和提升。

（2）角色数量由少到多，表现为幼儿参与游戏的兴趣持续性。每一个角色的诞生都是新经验的生成，表演内容也从单一到丰富。教师在游戏过程中保持一种欣赏的态度，认真观察并能从角色行为中看到幼儿的已有经验，激励幼儿挑战更多新的角色，不断提高角色游戏的水平。

（3）游戏由自发学习到深入学习。每次游戏后的分享交流，助推游戏下一步的进程，也提高了幼儿在角色游戏中的深入学习。

第四阶段——由自主游戏引发主题课程

随着游戏课程的深入开展，教师又进一步将野战区游戏延续到主题课程中，使野战游戏的意图更加鲜活。军事职业体验游戏激发了孩子们对那个硝烟弥漫的战争年代的好奇心，“为什么要打仗？那时候为什么那么穷？他们不怕疼吗？……”于是，教师借助节日教育契机，顺势生成了“我与党妈妈在一起”“我是勇敢小小兵”的主题活动，将游戏活动延伸为主题课程，展开了一场红色教育之旅。

1. 忆往昔——战争中的英雄

在家庭中开展“我是红色接班人——党员大调查、家族战争英雄大调查”。邀请党员爷爷到幼儿园讲故事，让孩子们了解中华民族的光辉历程和百年奋斗自强史。通过阅读红色故事，他们了解到王二小、海娃、潘冬子等小英雄的光荣事迹，并用绘声绘色的情景剧表演出《鸡毛信》中海娃的勇敢与智慧。一起品尝忆苦思甜饭，亲手制作国旗和党旗、折红船、唱红歌，表达对中国共产党的热爱。

2. 看今朝——寻找身边的英雄

孩子们敬佩崇拜战斗英雄，可是那个年代离孩子们越来越远，现在我们的身边还有这样的英雄吗？于是，我们又开展了“寻找我身边的英雄”调查活动，孩子们了解了永远冲在火场救援第一线的消防战士的英勇、感受到疫情中白衣天使的无私奉献、看到每天默默在幼儿园门前指挥交通的交警叔叔的辛劳、发现环卫工人不怕脏累为我们创造整洁环境的不易……孩子们发现，原来英雄形象并未走远，他们就是和平时代的逆行者。

3. 新时代——成为英雄的样子

孩子们立志长大后要当一名保家卫国的战士。于是我们开启了“乘风破浪筑梦深蓝”小海军微军训主题活动。从飒爽军姿、帅气敬礼、神气跨立、阅兵式到整理内务叠军被，再到战场军事技能匍匐前进、自制担架、持枪射击的学习，孩子们的英雄情怀和爱国壮志在嘹亮的军歌中得到升华。

4. 展未来——树立自己的远大理想

孩子们心中的红色种子开始生根、发芽，茁壮成长。他们用自己的画笔描绘了自己的梦想，通过搭建神舟二十号宇宙飞船和九龙号航空母舰来构建自己的中国梦，并变身为小小社区志愿者，将自己的梦想落于实践中。

（六）活动反思

1. 教师在游戏中的支持

（1）基于观察——做游戏发展的助推者。在角色游戏中，教师基于观察成为游戏发展的助推者，为幼儿的游戏提供支持，在他们陷入困境的时候不露痕迹地助他们一臂之力，同时发现游戏中新的生长点，为下一阶段游戏的开展做好准备。在整个游戏过程中，教师一共有 3 次助推，分别是对于孩子们游戏玩法单一和角色太少的问题，组织召开儿童会议；当游戏经验不能满足幼儿需求时，邀请专业的教官来园指导；当游戏发展出现众多“意外”时，组织分享交流，潜移默化地引导他们发现问题并解决问题，极大地支持游戏的持续性和经验的不断积累。

（2）扩充游戏——游戏化课程的引领者。教师成为游戏化课程的引领者，将野战区游戏与主题课程相融合，使野战区的游戏意图更加鲜活。基于孩子的兴趣生成军事系列主题课程“我是祖国小小兵”“童心向党　爱我中华”等。课程开展过程中也把红色文化和军事元素融入班级环境创设与区域活动中，包括户外区“对战游戏”的生成与深入；主题活动的设计更加注重对幼儿进行红色文化的教育与军人素养的培养等。

2. 幼儿在游戏中的发展

（1）角色游戏促进幼儿多元智能发展。在游戏中，幼儿通过扮演军人、医生、护士等不同角色，进一步实现了语言、认知、社会、交往等多元智能的发展，收获了丰富的学习经验（表 12）。

表 12

发展领域	获得的学习经验	
语言智能	倾听与表达	在与同伴的角色扮演中与同伴交流、沟通、讨论，倾听与表达能力得到发展。
	阅读与书写	用绘画表征游戏计划、流程图，让同伴了解自己的设计图，读写能力得到发展。
认知智能	价值感	在游戏过程中，能够思考如何更好地扮演角色，在团体游戏中提升自我价值感。
	解决问题	在已有经验的基础上，能与同伴分工合作，遇到困难能一起解决。

（续）

发展领域	获得的学习经验	
社会智能	规则性	能自觉地遵守游戏规则，独立、有条理地归类摆放玩具和整理游戏场地。
	协调性	在与同伴互动的过程中，能认识到其他人会与自己产生不同的意见和看法，学会协调不同的观点，学会改善与同伴之间的关系。
	自主性	在游戏中，能够根据自己的意愿决定要扮演的角色，自由地发展游戏内容和情节。
交往智能	师幼互动	能够与教师进行游戏互动，有语言互动、动作互动、行为互动。
	幼幼互动	在角色游戏中，能与同伴开展肯定性的谈话与正面表达。
人际智能	协调沟通	怎么扮演各种角色？增加哪些新的角色？每个幼儿的想法是什么？出现问题，如意见不一致，如何解决？帮助幼儿形成协调沟通的经验。
	分工合作	学会协商分配角色，与同伴积极交往、友好合作。
艺术智能	欣赏	游戏前期与后期能够装饰角色的服装和道具，支持幼儿的审美标准得到尽情展现。
	创造性	能正确反映角色间的职责与关系，通过大胆的想象与创新模仿角色。
态度与情感智能	情绪	情绪愉快、精神饱满地参与角色游戏，对游戏有浓厚的兴趣。
	坚持性	面对角色游戏中可能会出现的种种难题，能够坚持到底。

（2）角色游戏培养幼儿的学习品质。通过解读幼儿在整个游戏中的成长轨迹，我们知道幼儿游戏的过程也是学习的过程（表 13）。而学习与发展的过程正是孩子们在未来成长过程中所必需且宝贵的品质。

表 13　幼儿在角色游戏中的成长轨迹

名称	游戏阶段	遇到问题	思维碰撞	采取行动	游戏效果	幼儿成长品质
角色初显	第一阶段	如何分队	设计不同颜色的服装与帽子	分队设计与扩建军事基地	呈现两军基地与我军、敌军的站位	创造幼儿游戏的最近发展区，提高幼儿的探究能力
		角色从 0 到 n	不容易看见敌人，也保护不了自己	设计不同功能的堡垒	搭建出多个建筑群，涌现出多个军人角色	同伴的合作能力与解决问题的能力
		孩子们通过与同伴交流、沟通，设计游戏图，巧妙地将角色游戏与建构游戏相联系，创造出更多角色，为下一个阶段的游戏做准备。				

（续）

名称	游戏阶段	遇到问题	思维碰撞	采取行动	游戏效果	幼儿成长品质
赋予角色	第二阶段	武器都是成品枪	寻找并运用多种材料制作各种功能的武器	运用魔尺、报纸、泡沫板等材料制作	每个军人都在同伴的帮助下自制了称心如意的武器	同伴合作交流的能力与动手操作能力
		持枪姿势不正确，作战时动作缓慢	邀请教官指导正式作战技能	动作指导，要领培训	有了专业军人的助力，对战时角色更明显	相互协调、分工合作的能力
		职责分工太乱	指定角色，将工作内容张贴于环境中	绘制医生和护士的工作流程图	医院中角色的工作内容更加清晰，分工更加明确	组织协调能力与分工合作能力
		基于儿童想法，在他们提出专业技能的需求时，支持并助推他们游戏发展的脚步。				
实地决战	第三阶段	与真正的战场差距很大	操作战场沙盘	重新详细地布局战场	建筑物与人物角色相联系	动手操作能力与探究能力
		增加电影中的角色	投票扮演角色，推演角色	根据职能推演角色	人物特点更加凸显	专注与思维能力、分工合作能力
		追随儿童游戏兴趣，在分享交流中完善游戏的发展阶段。				
由自主游戏引发的课程	第四阶段	怎样才能成为新时代的英雄?	参与小海军训练营	重走长征路	在军事游戏中磨练小军人的意志	分工合作，体验成就感
		实践理想：我能做到的事情	生成小小兵与党妈妈的主题课程	在系列活动中树立远大的理想	课程让游戏更深入	专注学习能力、持续探究能力以及与同伴合作的能力
		游戏课程化是幼儿在游戏中学习与发展的重要学习方法，有了课程的引领，更能促进幼儿的全面发展。				

（3）主题课程促进幼儿道德教育的传承。少年强则国强，幼儿强则少年强。在主题课程渗透与实施的过程中，教师通过环境、教学、游戏、一日生活的渗透，让孩子了解军人、拥护军人、争做军人式的小标兵。相信角色游戏的持续开展，定会在孩子们心中种下一颗红色文化与强军梦的种子。

（案例提供：肖星星）

第二节　筑梦海魂之“童绘趣玩”课程

“童绘趣玩”课程是依据《指南》语言领域的发展目标，培养幼儿的阅读习惯，提高阅读与表达能力，同时做好必要的幼小衔接书写准备。

一、童绘阅读，悦享童年

一是营造书香弥漫、想说、敢说的语言氛围；二是建立幼小衔接绘本阅读计划；三是实施图书打卡和图书漂流活动；四是实施阅读“三个一”活动，即每周精读一本书、每天讲述睡前故事、每月演出一部绘本剧；五是开展“读书月”系列活动，包括龙娃爸妈故事大赛、幼儿故事大赛等；六是进行绘本仿编、创编、续编活动。通过一系列活动，形成了读绘本、说绘本、演绘本、创绘本的四位一体的“前阅读”课程体系。

（一）读绘本，沉浸阅读之醉

3～6岁是幼儿语言表达能力提升和深入理解图画书内容的重要时期。幼儿阅读能力的发展与口语发展的关系非常密切，阅读活动为提升幼儿的语言表达能力奠定了基础。从阅读活动的特点看，不同年龄段幼儿对图画信息进行解读是从零散加工到建立联系的过程，也是将原有经验调动整合，理解故事，表达自己想法的过程。因此我们为幼儿提供强有力的阅读支持，促进幼儿在阅读中的发展。

1. 营造完整、立体的阅读氛围，从幼小衔接四大准备入手，建立小中大班绘本阅读体系

小班为“绘自然绘生活”，侧重投放有趣的自然生活类绘本，满足幼儿对身边事物的好奇心，激发幼儿探索周围的自然环境，关注动植物的生长和变化。同时，注重对幼儿生活自理能力的培养，在阅读绘本的过程中帮助幼儿养成良好的生活习惯。中班为“绘科学绘探索”，主要投放科学探索类的绘本，帮助幼儿萌发科学探索意识，在绘本阅读中猜想、操作、实践，感受科学的神奇，促进其想象力和创造力的发展。大班为“绘文学绘欣赏”，在投放文学欣赏类绘本的同时，重点选取有针对性的幼小衔接绘本，侧重于帮助幼儿做好入学准备。例如，指向社会准备的绘本《蚂蚁和西瓜》，为了让幼儿体会绘本中与同伴分工合作共同完成任务的乐趣，在活动中设计了有趣的“同心协力”体育游戏。孩子们变身小蚂蚁，冲破重重关卡，合作运粮食。通过体验式的游戏活动，幼儿不仅能够学习与人合作的方法，而且深入了解了绘本中蕴含的道理，提升了教育效果。每个绘本阅读活动后，教师会布置一个“家庭共育”小任务，有助于我们真正落实“家园社协同育人”的目标。如《蚂蚁和西瓜》中的“家庭共育”的任务是建议家长在家中创造幼儿与人交往的机会，支持幼儿与不同群体的伙伴一起游戏，开展“我家的会客厅”活动，让幼儿体会与多人交往的乐趣。

2. 利用对话式的阅读方法，优化阅读的互动环节

绘本教学不是枯燥的输入。随着幼儿阅读的不断深入，幼儿的理解能力和表达能力能够支持他们与成人进行更深入的讨论。我们创造机会让幼儿说一说对故事内容或不同人物的看法，并对绘本中的内容进行一些解释和扩展，增加提问和讨论的时间，用“互动”的方式增添阅读氛围，提高幼儿参与活动的兴趣。在交互式的活动中，通过5种类型的问题来支持幼儿阅读，即填充式问题、回忆式问题、开放性问题、“Wh-类”问题、关联经验类问题。填充式、回忆式的问题更注重幼儿对于故事内容的理解。例如，在《彩虹色的花》绘本中，提出“是谁从花儿身边走过？……”“刚才小蚂蚁把花瓣当作了什么？”这样的问题。而开放性、“Wh-类”、关联经验类问题更注重培养幼儿的想象力和联想力。例如“什么？”“你怎么知道的？”“为什么？”“如果你是彩虹色的花，会用什么方法帮助蜥蜴？”通过问题式互动把枯燥的阅读变得更具有挑战性，在一问一答、互动交流中增强幼儿对阅读的乐趣，调动幼儿参与活动的积极性。

（二）演绘本，感受阅读之情

绘本表演是一个体验阅读的过程，是以绘本为载体，以游戏为基础，以情景为形态，通过绘本与表演交叉融合，激发幼儿对绘本表演的欲望。幼儿将故事中的角色、动作、语言对话、情感用自己的方式表达出来，与绘本内容产生共鸣，从而加深对故事内容的理解。

我们为幼儿绘本剧表演提供一定的支持，如在区域内投放服装、音乐、道具、头饰等材料，让幼儿在区域中参与绘本剧创作。表演区里正在上演《一园青菜成了精》剧目，幼儿制订角色分工计划，分成萝卜军团和莲藕军团，自愿选择喜欢的蔬菜角色加入两个军团中。他们还在美工区制作蔬菜道具，装扮角色形象。大王带上了皇冠，娘娘穿上了花裙子，士兵们拿起了武器……同时选择合适的音乐为剧目增添氛围。从阅读绘本到上演绘本，从商讨改编到角色分工，从道具设计到道具制作，整个过程培养了幼儿的合作分工意识，激发了幼儿的创作灵感和表演欲望，将平面阅读转化为立体感受，带给幼儿与众不同的故事体验。

（三）创绘本，体验阅读之美

引导幼儿深入了解绘本内容，激发幼儿的想象力和创造力十分重要。我们鼓励幼儿创作，让他们用“另一种语言”表达自己的想法。如在班级阅读区提供自制绘本的各种材料，供幼儿制作绘本。孩子们完成绘本作品后，在自主游戏分享环节中与同伴进行分享、交流，帮助幼儿积累更加丰富的经验。同时，我们每年选取优秀的绘本结集出版，并以此为契机开展“亲子自制绘本大赛”。幼儿用丰富的色彩、有趣的图案、充满想象的情节，将遐想制作成了一个个精彩的绘本故事。在此基础上，我们开展“一米书市”图书义卖活动，孩子们将自己创作的绘本以义卖的形式让更多的人看到，不仅提高了社会交往能力，而且锻炼了胆魄，增强了自信心。

绘本创作为幼儿的前阅读打好了坚实的基础，积累了丰富的经验，促进了幼儿对生活的感知与无尽的想象。

二、小小演说家，巧言善辩

开展日日谈、周周赏、月月讲的“小小演说家”语言系列活动。《指南》指出，谈话活动是发展幼儿语言表达能力最重要的手段。日日谈指的是师幼每天早饭后的温馨谈话和幼儿每日的播报活动；周周赏即每周一次茶余饭后的文学作品欣赏、想象、仿编和创编活动，其中文学作品包括有韵律感的儿歌、优美的儿童散文和儿童诗歌等；月月讲指的是每月一次的辩论赛活动。比如在大班辩论活动“晴天好还是雨天好”中，从第一场辩论“轮流阐述”到第二场辩论“举手发言”，再到第三场辩论“自由辩论”，孩子们投入了极大的兴趣和热情。“小小演说家”活动提高了幼儿辨别倾听的能力、大胆表述和独立思考的能力，培养了幼儿的批判性思维和坚定执着的性格。同时园所设立海豚湾剧场，定期举行绘本剧排演活动，从剧本创编到准备道具、排练演出，全程以幼儿为主体进行创作实施。在这个过程中，幼儿的组织策划能力、沟通协调能力、创新创造能力和口语表达能力等都得到了极大的锻炼和提高。

附：班级童话剧《一园青菜成了精》绘本剧脚本

演出者：大一班全体幼儿

第一幕：蔬菜进行曲

全体幼儿上场。

先播放音乐《听我说》，农民伯伯跟着音乐跳舞。跳完舞，四个农民说：唉，累了一天，该休息了！（坐下做睡觉状）

旁白（魏祥臣）：出了城门往正东，一园青菜绿葱葱，最近几天没人问，它们各个成了精。

再播放音乐《蔬菜进行曲》，小女生跟随音乐上场舞蹈。舞蹈结束，全体下场。

第二幕：大王来巡山

旁白（魏祥臣）：绿头萝卜骄傲地说。

大王（林钰程）：哈哈哈哈，看我那么厉害，我来当你们的大王吧！

萝卜军团全体幼儿：大王威武、大王威武、大王威武！

旁白（魏祥臣）：红头萝卜娇滴滴地说。

娘娘（曲云夕）：大王，我来了！

大王（林钰程）：今天天气真好呀，我带你们去溜达溜达！

萝卜军团：好呀好呀！

萝卜军团上场跳《大王叫我来巡山》。音乐停，喊“大王巡山啦”。播放音乐，萝卜军团跟随大王和娘娘随着音乐去巡山，全体排队下场。

第三幕：胡萝卜军团 PK 莲藕军团

藕王（惠浩文）：你们这些家伙，还想当大王，也不问问我藕王答不答应！

旁白（魏祥臣）：隔壁莲藕急了眼，一纸战书打进园！

藕王（惠浩文）：让我们去会会她们！

萝卜军团：这是什么呀？

梁宏泽：让我来看看，啊！是战书！

萝卜军团：快去报告大王！

梁宏泽：报告大王，莲藕军团打进来了！

大王（林钰程）、娘娘（去云夕）：这可如何是好呀！

大王（林钰程）：你们谁能应战？

胡萝卜（韩思怡）：大王，臣请出战！

大王（林钰程）：好，胡萝卜爱卿，我命你为大将军，我们开战！

旁白（魏祥臣）：两边兄弟来叫阵，大呼小叫争输赢。萝卜军团喊“必胜必胜”；莲藕军团喊“加油加油！”

藕王（惠浩文）：茄子将军，上！

茄子（朱海铭）双手叉腰，挺着大肚皮，很牛气地走上场。

胡萝卜（韩思怡）：小葱将军，出战！

小葱（张艺铭）：哈哈，我的银杆枪可不是吃素的！

茄子（朱海铭）：哼哼，那是你不知道我铁布衫大肚皮的厉害！

小葱（张艺铭）端着枪冲向茄子（朱海铭），茄子（朱海铭）一挺肚皮，茄子摔倒在地，转个身爬走。

莲藕军团：Yeah！

胡萝卜（韩思怡）：韭菜首领，你来抵住藕军！

韭菜（刘心悦）：哈哈，看我的！

藕王（惠浩文）：又来个不要命的。黄瓜将领，上！

黄瓜（宋梓煊）：是，大王！

莲藕军团：我们又赢了一场！

旁白（魏祥臣）：莲藕斗得劲头儿足，胡萝卜急得搬救兵。

胡萝卜（韩思怡）：大王，不好啦，我们快守不住啦！

大王（林钰程）：众爱卿，你们谁能打败他们，本王重重有赏！

葫芦（李依泽）：大王，让我们兄弟去吧！

大王（林钰程）：我的葫芦大将军，胜利就靠你们啦，加油！

葫芦七兄弟（李依泽、刘威航、无默存、陈道轩、邹子墨、张艺铭、许政珉）上场，表演葫芦娃。音乐停，李依泽喊：兄弟们，给我冲！

（播放音乐）葫芦兄弟和藕军面对面往前跑，一个葫芦对一个藕军，然后葫芦双手向前伸交叉起来，跺着脚喊“轰、轰、轰”，莲藕军团全部倒地！胡萝卜军团回来报告胜利的消息。

葫芦兄弟：大王，我们赢了，我们赢了！

大王（林玉程）：将士们，干得好，回去领赏吧，我们收工！

第四幕：大结局“胜利归来”

全体幼儿表演《哭着笑着我们就长大了》。

（案例提供：刘晓华）

三、多彩图文，妙笔生花

《幼儿园入学准备教育指导要点》指出：要保护幼儿的前书写兴趣；做好必要的前书写准备。儿童的前书写能力其实是儿童语言系统综合能力的体现，也是幼儿进入小学之前需要打下的重要基础。我们注重创设多种游戏活动，促进幼儿精细动作及手眼协调能力的发展，同时丰富游戏内容，激发幼儿的书写兴趣，锻炼幼儿的书写技能（表 14）。在“多彩图文”活动中，实行“3＋4＋3”活动模式。第一个“3”指的是总结出前书写的核心经验有三条：建立书写行为习惯的经验、感知理解汉字结构的经验和学习创意书写表达的经验。“4”指的是我园前书写培养的四大特色：一是开发了特色精细动作培养课程，二是巧用金属嵌板，学会运笔技巧，三是激发兴趣，注重表征，四是巧用儿歌，培养良好的书写习惯。最后一个“3”是指锻炼孩子前书写能力实行三个策略：一是在日常生活中的前书写学习，二是在主题活动中的前书写学习，三是在早期阅读教育活动中的前书写学习。“多文图画”活动不仅让孩子了解书面语言是人们交流和沟通的重要手段，而且培养了孩子对文字的兴趣，激发了孩子对书写的愿望，为进入小学后的正式书写打下了良好的基础。

表 14 前书写活动中培养幼儿学习品质的方法与要点

重视幼儿精细动作练习，为前书写奠定基础	小班：1. 穿脱衣服；2. 五指抓，三指捏，手指越来越灵活；3. 从一刀剪到折线剪；4. 编织活动。
	中班：1. 扣纽扣；2. 自主取餐；3. 沿轮廓剪；4. 穿线板游戏；5. 编织活动。
	大班：1. 用筷子用餐；2. 绣工；3. 缝纽扣；4. 翻花绳；5. 系鞋带。

（续）

巧用儿歌，培养良好书写习惯	1. 书写姿势儿歌；2. 握笔姿势儿歌。
巧用金属嵌板，掌握前书写技巧	1. 握笔；2. 运笔。
激发兴趣，注重幼儿表征	1. 关注前书写环境的创设； 2. 幼儿一日生活中的前书写活动（计划、日记、游戏故事、周末计划）； 3. 主题活动中前书写活动； 4. 早期阅读活动中的前学习活动（绘本愿望树中的“我的愿望”）。

（一）在区域活动中开发编织课程，锻炼手部精细动作

幼儿在学前阶段所进行的动作（如精细动作）技能锻炼有助于其在小学阶段获得更好的发展。在握笔书写之前，肌肉的协调性至关重要，因此我们聚焦在游戏中自然地渗透书写练习，锻炼幼儿灵活控制手指的能力，开发了幼儿园特色精细动作培养课程——“指尖上的智慧”编织课程。

儿童精细动作的发展不仅存在个体和性别差异，更有年龄阶段的差异。因此在培养儿童精细动作技能的过程中，需要循序渐进、有的放矢。小班幼儿因手部动作还不够熟练，容易出现畏难心理，需要营造更加包容的氛围来鼓励幼儿参与。我们根据小班幼儿的年龄特点在区域中开展串珠游戏、抓豆、舀豆、筛豆、夹豆子以及剪纸、撕纸、贴纸等游戏活动。幼儿通过动手操作，实现五指配合、手腕转动、小臂用力的目的，使小肌肉群得到发育，提升手指的控制力。中班儿童处在精细动作发展速度更快的时期，协调性和灵活性日渐增强，这一时期需要更多元化的教学内容让儿童充分实践。如在区域中投放不同的线、绳、木棒等材料，幼儿通过系鞋带、曼达拉编织等活动，用毛线进行有规律地穿插缠绕，在专注投入中感受缠绕的乐趣，锻炼手眼协调能力及手指的灵活性。大班儿童的手部控制能力和准确性日渐提高，手眼协调能力也大幅度提高。这个阶段，可以开展给予儿童更多自主性和创造性的活动。如我们投放了自制编织器、织布机、娃娃辫子等材料，幼儿用毛线在架子上通过缠绕、翻、掏、套等重复动作编织围巾；用梭子进行穿、插、绕，织出五颜六色的布；通过编发游戏练习交叉编织，用手指和手掌来控制线，锻炼手部肌肉，提高手部动作的灵活性和精确性。

编织课程使幼儿手部精细动作的发展经历了由整体到分化、由不随意到随意、由不准确到准确的过程，为幼儿前书写做足了充分的准备。

（二）在游戏中丰富动手内容，激发幼儿的前书写欲望

为了鼓励幼儿积极参与，我们在游戏中增加动手操作的内容，提供诸多动手锻炼的机会，采取不同的形式，让幼儿在游戏中感受书写的乐趣，在探索中

激发兴趣。

在角色扮演的过程中，“妈妈”给“娃娃”喂食物、剪面条、包饺子，“医生”做检查、打针、开药、动手术，“服务员”写菜单、擦桌子、结账。在搭建游戏中，小建筑师用平铺、垒高、围合等方式搭建。在科学实验中，小小科学家称重、搅拌、使用滴管。在美工区中，幼儿利用金属嵌板进行有趣的线条、虚线画圆游戏，使得原有图形变化无穷……多样的游戏内容，为幼儿提供了充足的机会进行手部锻炼，让小手变得更加灵活，手部动作更加熟练。同时我们结合“融＋”课程中《百家姓》《有趣的象形字》，开展了“我的名字”主题活动。通过“姓氏大调查”“认识名字有方法”“名字作用大”等活动，用观察、调查分享、交流讨论、创意设计、游戏等方式，了解了中国传统文化的魅力，产生了对符号和文字的浓厚兴趣。例如在“认识名字有方法”次主题中，幼儿通过彩泥拼摆、名字创意画、设计“名片”等，以“点、连、描、涂”的方式参与创意玩字游戏，激发了对汉字以及自主进行前书写的兴趣。多样的游戏内容，让前书写独具乐趣，促进了幼儿书面语言意识和行为的萌发。

案例：陪孩子走过前书写阶段

（一）为什么要培养幼儿的前书写能力

1. 培养幼儿的前书写能力是做好幼小衔接工作的一项重要内容

前书写活动是指幼儿在学会正式书写前，运用图形、符号等形式传达信息、表达感受及构建前书写经验的游戏和学习活动。有的家长不理解孩子的前书写是正式书写的准备，以为孩子只有写出真正的汉字，才是令人惊喜的进步；还有的家长在孩子三四岁的时候，就教孩子认字、写字，或者让孩子描红，殊不知，孩子的各方面能力还不完善，结果让孩子对书写失去了兴趣。

2. 理论依据

2021 年 4 月教育部出台的《幼儿园入学准备教育指导要点》中关于前书写方面是这样描述的：第一，要保护幼儿的前书写兴趣；第二，做好必要的前书写准备。《指南》中明确指出：3～6 岁儿童应当具有书面表达的愿望和初步的技能。可见，幼儿园期间更重要的是培养幼儿对前书写的兴趣并做好必要的前书写准备。

（二）培养幼儿前书写能力的方法

1. 重视幼儿精细动作的培养，为前书写奠定基础

由于书写动作涉及拇指、食指和中指的动态支撑及远端指节的屈伸运动。因此书写能力的培养，考验的是幼儿手部精细动作的发育和锻炼。研究证明，幼儿精细动作表现得较好，可能倾向于在书写行为上用时较短、笔迹更加流畅。

九龙湾幼儿园除了通过一些常规活动，如穿脱衣、积木搭建、绘画、捏橡皮泥等来锻炼幼儿的精细动作外，还专门研究出了一套有梯度的培养幼儿精细动作的特色活动（表 15）。

表 15 幼儿精细动作发展表

班级	技能	重点
小班	三指捏、从一刀剪到折线剪、粘贴、编织	手指的控制力
中班	自己扣纽扣、自主取餐、编织	手指的灵活性
大班	用筷子进餐、编织	精细与美感并举

2. 巧用金属嵌板，掌握前书写技巧

随着三个手指越来越灵活，手的稳定性也逐步增强，在不断的练习中，幼儿不知不觉地具备了书写的能力。

书写的关键在于书写技巧——运笔。这时候，一个神奇的教具——金属嵌板（图 12），就派上了用场，这是锻炼幼儿书写能力的玩教具。

下面（图 13～图 15）是幼儿的金属嵌板作品，从一开始简简单单的竖线、折线、曲线（上下运笔训练）到圆圈式的线条，培养的是孩子运笔能力的灵活性。笔逐渐在孩子手中得到控制，运用得越来越好。

图 12

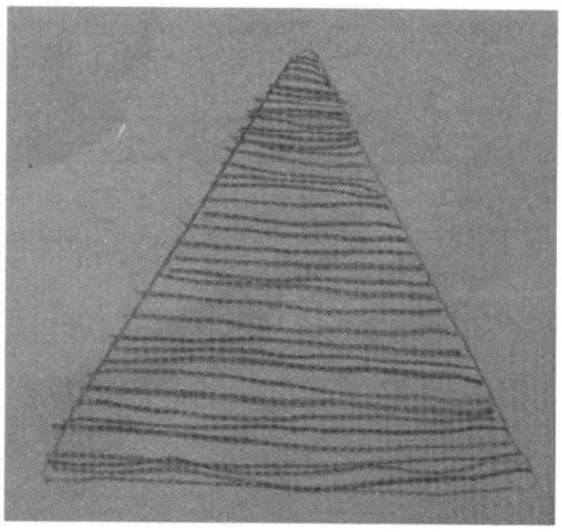

图 13

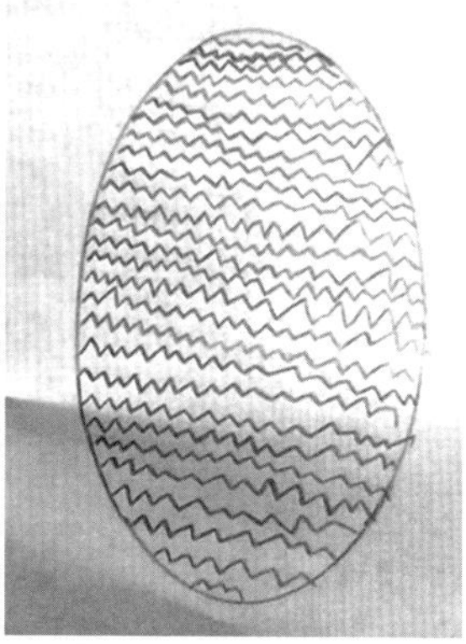

图 14

图 15

3. 激发兴趣，注重幼儿表征

教师引导的关键点在于激发大班幼儿前书写的兴趣，提升前书写的能力，丰富前书写的运用，促进前书写的表达。

在一日常生活中，我园有意识地为幼儿提供一个全方位、立体的浸润式前书写氛围，激发幼儿的书写兴趣，给幼儿书写的机会。

（1）关注前书写环境的创设（图 16～图 18）。

图 16

图 17

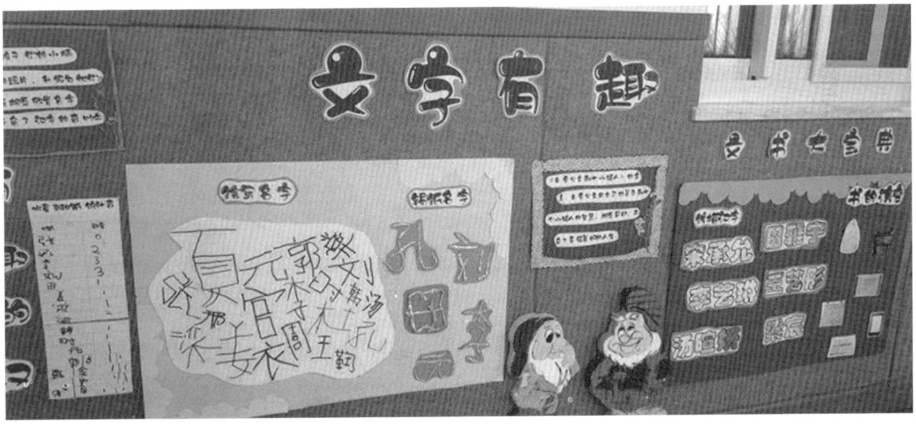

图 18

（2）幼儿一日生活中的前书写学习。做计划的方式不仅能帮助儿童培养良好的生活和行为习惯，也可以帮助他们了解文字和书面语言在日常生活中的实际应用，并获得初步的书写技能。

4. 主题活动中的前书写学习

前书写是与实际的教育情境、儿童学习兴趣结合在一起的，在一个个主题活动中，教师考虑到儿童发展的需要，聚焦前书写，幼儿都迫不及待地开始“创作”。

5. 早期阅读活动中的前书写学习

在开展绘本《愿望树》的活动时，通过谈话活动，幼儿对“我的愿望”产生兴趣，于是教师在组织孩子“说一说自己的愿望”的时候，延伸到了前书写活动“我的愿望”。

6. 巧用儿歌，培养良好的书写习惯

我园重视幼儿书写姿势和握笔姿势的培养，从幼儿一开始拿笔，老师就用儿歌来引导幼儿，让幼儿在快乐的儿歌游戏中养成正确的坐姿与握笔姿势。

书写儿歌

小朋友要记牢，画画姿势很重要，画画时，脚放平。头不歪来身坐正。

手离笔尖一寸远，眼离本子一尺远。握笔姿势儿歌在，老大老二对对齐，笔尖之间留缝隙。老三顶住铅笔下，老四老五紧跟上。

（三）注意事项

（1）前书写活动不是单纯地写，它应该是将前阅读、前识字及口头语言表达的内容综合起来的活动。比如在《点点和多咪的信》中，教师在思考前书写活动时，站在整体的语言教育的基础上，设计了阅读、谈话、前书写、讲述等系列活动，将前阅读、前书写、讲述等儿童语言发展的内容有机结合起来，使儿童在获得前书写核心经验的同时，提高整体的语言能力。

（2）前书写教育不要求儿童书写“正确”“规范”的汉字，而是鼓励儿童勇敢地用纸笔表达自己的意思，通过图画来理解汉字构型的潜在特点，增加书面语言的知识，为未来的学习作铺垫。

第三节　筑梦海魂之“童眼看中国”课程

为了让孩子们深入了解并体验我国丰富多彩的民族文化，领略齐鲁地区的孔子文化和威海地区的海洋文化，我们开展了“童眼看世界”活动，希望孩子们以纯真的内心感受世界的美好，用童真的眼睛去注意到世界的另一面。孩子们化身小导游，以童真、童趣的视角看遍世界，走遍中国，并用自己喜欢的方式表达旅途中的所见、所闻和所想。

红色研学主题课程：博物致知，悦然育心

（一）主题活动由来

在学前期，幼儿还处于社会性发展的关键阶段，对于生命、自然和周围的

一切都还没有完全、系统地了解。然而，他们却非常热衷于探索这些东西，希望能够亲身体验社会和感受生命的奥秘。为了帮助幼儿拓宽视野，我们来到了不同的博物馆，与过去的时光对话。每个孩子都是一个小小探索家。通过参观科普文化展览，幼儿可以增加对现代科技的兴趣，唤醒其对科学的热忱，并培养其对科学的探索精神，使其成为一个拥有探索精神、追求真理的少年。开展走进科技馆活动，把开启科技的密钥交给小龙娃们，一起体验一场探索未知、致敬科学的奇妙之旅，点燃科技强国梦。通过深入探索我的故土，近距离了解家乡人文历史，体验它的演变与进步，让幼儿更加热爱祖国，更加热忱地回馈她。

（二）主题活动目标

1. 更好地了解中华民族的伟大精神，在参与宣传、游览等活动中，加深对文物、非凡的民族文化遗产的理解，从而自觉地维护、珍视、发展这些宝贵的历史、文化财富。

2. 知道科技对我们生活的影响。

3. 通过活动，提高创造力和动手能力。

4. 热衷于进行科学实验，并且对于操作和观察科学游戏非常感兴趣。

（三）主题活动脉络图

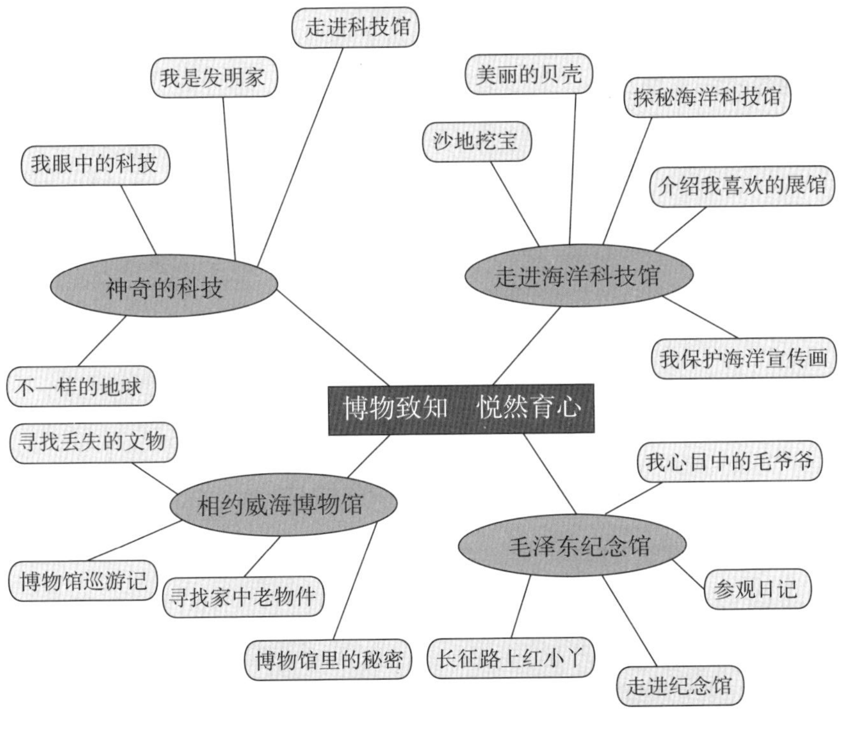

1. 神奇的科技

威海科技馆是一座集科普、展览、教育、娱乐为一体的综合性科技馆，馆内设有多个主题展区，如“数字威海”“科技创新”“机器人世界”等。每个展区都配备了互动体验设备，可以亲身体验科技的魅力，更好地对幼儿进行科学启蒙教育，让孩子们亲近科学、喜欢科学，走进快乐的科学世界，发现并探索身边的科学现象，在做做、玩玩中体验快乐和愉悦。科技理念、科技创新能力需要从小培养。为了丰富幼儿的生活，拓宽幼儿的视野，幼儿园带领开展了以“神奇的科技”为主题的亲子研学活动，让每个孩子体验科技、爱上科技，学会用自己的眼睛去看世界，关注生命和自然的进程。

2. 走进海洋科技馆

威海海洋科技馆以其独特的科技特色，为游客们带来了全新的视觉盛宴，从科技的探索、科学的宣传、精彩的科技表演到丰富多彩的游戏活动，使孩子们深刻地了解到了海洋的神奇与美丽，并且培养了他们对环境的热爱和尊重。

3. 毛泽东纪念馆

毛泽东纪念馆是一个充满知识和文化气息的场所，可以让孩子们在实践中学习，通过观察和体验来启发他们的好奇心，培养他们的认知能力和探索精神。通过参观毛泽东纪念馆，孩子们能够近距离接触和了解家乡的历史，增长知识，培养对家乡和祖国的热爱之情。这种教育有助于在幼儿心中播下爱国主义的种子，增强他们的历史责任感和使命感。

4. 相约威海博物馆

通过参观威海博物馆，我们可以深入地领略家乡的历史、精神、传统，以及它所带来的巨大变革，从而唤起我们对家乡、祖国的热爱，为我们的成长提供宝贵的经历。前期发放《参观博物馆有哪些注意事项》调查问卷，幼儿开动脑筋，把自己的想法用绘画的形式表现出来，培养了自我约束能力和公共道德意识。同时，团队活动可以增强孩子们的团队协作能力和集体荣誉感。为了使活动形式更加多样，我们前期还开展了家长进课堂活动，邀请家长进班为小朋友讲解博物馆的文物，了解国宝背后的故事，体验沙中寻宝的快乐。

（四）主题活动过程实录

第一篇　神奇的科技

活动一：不一样的地球

活动目标：

（1）愿意探索地球的奥秘。

（2）提升阅读兴趣，发展创造想象能力。

（3）通过听故事更加了解地球。

活动过程：

聆听绘本故事。

故事主要内容：《不一样的地球》是一本儿童科普启蒙绘本，通过故事对话让我们了解地球。书中从土壤、水、空气、动植物等方面展开，让幼儿对地球有全面的认识。

活动总结：

故事《不一样的地球》让幼儿充分了解了地球，知道要善待地球，节约食物、用水，关心空气，让地球永葆活力，让孩子从心底爱护环境，与地球和平共处。

活动反思：

地球是人类赖以生存的家园，孩子是科技强国的希望。为了弘扬“科技强国”精神，倡导“科学、创新、环保”理念，培养有探究精神和实践能力的未来儿童，我们用阅读科普绘本的方式引领幼儿，以科学实验为纽带，以家园合作为桥梁，帮助幼儿亲近科学、体验科学、热爱科学，最终丰富他们的科学体验，种下爱探索的科学种子。

活动二：走进科技馆

听过《不一样的地球》后，孩子们对地球、宇宙充满了好奇。于是，为了满足孩子们的好奇心，我给孩子们播放了一些关于宇宙太空的视频资料。孩子们看完后，提出了各种各样的问题。

嘉洛：宇宙飞船是什么？

师：宇宙飞船是一种运送航天员、货物到达太空并安全返回的航天器，舱内设有能保障航天员生活用水、供气的生命保障系统。

果果：在哪里可以看到？我好想进去体验一下。

师：宇宙飞船是科学家发明的重要科研成果，普通人是看不到摸不到的。如果想了解，可以去科技馆，科技馆里有模型可以供大家参观体验。

婼涵：哇！太有意思了。我好想去科技馆看看。

可芯：我去过科技馆，那里面有好多机器人呢。

孩子们你一言我一语地诉说着要去科技馆看看的想法。

陈鹤琴先生曾说：“儿童的世界，是儿童自己去探讨，去发现的。他自己所求来的知识，才是真知识；他自己所发现的世界，才是他真的世界。”为保护幼儿与生俱来的好奇心和探究欲，引导幼儿通过直接感知、亲身体验和实际操作进行科学探究，体验发现的乐趣，本学期家委会带着孩子们走进威海科技馆，开启探秘求知之旅。

活动反思：

本次参观科技馆活动在孩子们的好奇与探索中结束了。科技馆真实生动的情景再现，让幼儿在互动中感受到了科学的伟大，科技的神奇。小小科技馆带给孩子们的不仅是视觉感官体验，更让孩子从文化、科技、历史等多方面了解祖国，了解身边的科技。相信科学的种子已经播种在孩子们的心底，不久将会生根发芽。

活动三：我是发明家

爱因斯坦曾经说过："科学就是探索，探索使人快乐。"孩子们本来就有着探索世界的渴望，而科学就是孩子们探索世界的一扇窗。

通过参观科技馆的亲子活动，孩子们对科学发明产生了浓厚的兴趣，在活动结束后回家和家人一起尝试制作了各种各样的"小发明"。

孩子们不但对科学知识感兴趣，对学习文化知识的兴趣也大大提高。他们在幼小的心田里埋下"保护地球、科技兴国"的种子，少年强，则国强。

活动四：我眼中的科技

活动目标：

（1）回忆科技馆中的科技作品并进行描述。

（2）能把自己看到的、感兴趣的科技作品用绘画的方式表现出来。

活动准备：

科技馆内部图片，幼儿已经参观过科技馆。

活动过程：

（1）谈话导入，激发幼儿的活动兴趣。

师：我们上次去了科技馆，哪位小朋友记得科技馆里都有什么？大胆地来分享一下吧！

教师小结：小朋友们说了那么多的科学发明，看来这些科学发明一定给你们留下了很深的印象。老师这里有上次去拍的照片，咱们一起回忆一下。

（2）出示图片，引导幼儿观察。

教师带领幼儿逐个回忆，并表述发明的主要特征和意义，方便幼儿进行绘画。

（3）幼儿进行绘画。

（4）教师对幼儿的作品进行分析和表扬。

师：孩子们，你们画的是哪个科学发明？它能干什么？快来和我说说吧！

活动总结：

幼儿期是人生发展的重要阶段，是幼儿创造性发展的关键时期，因此培养和发展幼儿的科学探究能力是我们的一大目标。我们要善于捕捉教育契机，让幼儿成长，敢探索、想探索、会探索、常探索，让幼儿体验到科学探索的乐趣和成功的快乐，为幼儿成长奠定良好基础。

第二篇　走进海洋科技馆

活动一：沙池挖宝

在一次寻常的玩沙游戏中，原本平静的沙池里突然出现了非常惊喜的声音，只见桐桐大声地跟旁边的小朋友说："快来看呀！我挖到了一个小贝壳！"紧接着，几个孩子好奇地将小脑袋凑近了小小的贝壳，小小的脑袋里出现了大大的问号……

嘉一：你是从哪儿捡到的这个贝壳，我也想要一个。

松吾：我们幼儿园的沙子是从沙滩运过来的，所以贝壳就藏在沙子里。

润恩：哇，好棒啊，看我挖到了什么？居然还有小小的田螺。

佳宁：哇，它身上的花纹摸起来有小疙瘩，我的手指都有点痒痒的了。

桐桐：是呀，我还和妈妈在沙滩上捡过贝壳呢！我喜欢沙滩，也喜欢贝壳！

可以：你看它身上的颜色不一样，而且有一圈一圈的花纹，在花纹的地方还有凸起的小疙瘩。

第二天，孩子们从家里带来了各式各样、五彩斑斓的贝类，有的看、有的闻、有的听，还有的在寻找、在讨论，热闹极了！

活动二：美丽的贝壳

在蔚蓝的大海中有五彩的贝壳，这些美丽的贝壳到底有什么秘密？美丽的贝壳可以吃吗？它们是什么味道？在孩子们的心中，有许多关于贝壳的疑问。带着这些疑问，铭珺妈妈走进教室与小朋友共同探究贝壳的世界。

活动目标：

（1）喜欢观察贝壳，知道贝壳是多种多样的。

（2）愿意用贝壳拼搭出自己喜欢的造型。

活动过程：

（1）铭珺妈妈出示教师和幼儿事先收集来的各种贝壳制品，激发幼儿观察贝壳的兴趣。

问：你们知道这是什么贝壳吗？你们以前见过这种贝壳吗？

（2）幼儿观看图片和视频，互相交流各自的想法。

①集体交流幼儿认识的贝壳，说一说贝壳的特征。

②引导幼儿观察贝壳的形状，说出像什么。

问：你刚才看到的贝壳是什么样的？你见过吗？

③根据图片讲解贝类的种类及作用。

④请幼儿说一说自己最喜欢的贝壳是什么样的。

（3）引导幼儿再次观察多样的贝壳，尝试用贝壳拼搭造型。

①幼儿分组对不同的贝壳进行分类。

②尝试用不同的贝壳进行拼搭，并分享给身边的小朋友。

活动反思：

家长进课堂的活动加深了孩子们对贝壳的喜爱之情。同时，他们对神秘的海洋有了更多的好奇和想法。在了解到孩子的这一兴趣之后，家委会根据孩子的兴趣点，联系到了威海市海洋科技馆，带着孩子们一起去探秘更加神秘的海洋世界。

活动三：探秘海洋科技馆

海洋科技馆里有什么呢？孩子们的话题大多数都围绕这个问题。本次研学活动，不仅丰富了孩子们对海洋的了解，增强了幼儿的海洋保护意识，而且提升了科学文化素养，实现了科学与教育的“双向奔赴”。为此，老师为孩子们制定了调查表，参观完以后带到幼儿园跟大家一起分享。

活动目标：

（1）了解科技馆中有关海洋科技的基本知识。

（2）提高科技素养。

（3）激发幼儿的探索和好奇心，培养创造力。

活动过程：

走进科技馆，小朋友们的眼睛都不够用了，各种新鲜的海洋前沿科学展示让爸爸妈妈都认真学起来。大家在讲解老师的带领下，由浅海到深海、由近海到远海、由威海的海到世界的海，通过先进多元的科技手段、丰富有趣的互动体验，沉浸式地了解、感受丰富的海洋资源以及强大的海洋科技创新力。但是如何让海洋为人类所用，是科学家们一直在探索的课题，海洋科技馆里展示的仅仅是冰山一角。未来的海洋世界是什么样？会不会也有一座和陆地上一样的海上王国呢？

参观完展馆后，小朋友们带着自己的收获来到幼儿园，化身小小播报员，迫不及待地向大家介绍自己的所见所闻和收获。“观众们”也都很捧场，目不转睛地看着，竖起小耳朵听着同伴的分享，生怕错过了有趣的细节和好玩的事情。

可以：周六我跟爸爸妈妈一起去了海洋科技馆，里面有很大的大电视，还有好看的动画。我还看到了很深的海底世界，里面有很多的大鱼在游。我最喜欢的就是跟乐乐拉着手在各个地方玩了。

嘉一：里面的小鱼都可以动，我在那里玩了很久，还有很多用草做的房子呢！妈妈说那是海草房，我也想住进去。

果果：这是我跟姐姐一起画的海洋科技馆，里面有很多好玩的东西。还有超级大的船，下次我还要跟我的好朋友一起去玩。

活动反思：

我们在海边长大，大海是我们的故乡，我们吃海鲜、亲海游，也要尊重海、敬畏海、科技兴海。威海的旅游季，不少人来海边一睹大海的芳容。作为护海小卫士，我们要号召大家保护沙滩和大海的清洁，尤其是不能往海里丢塑料制品，保护海洋生物的生命也是在保护海洋。

“过去，书本是孩子的世界；现在，世界是孩子的书本。”海洋科技的探索让孩子们意犹未尽，研学之旅的美好回忆恒久地留在每个人的心间。

第三篇　走进毛泽东像章博物馆

活动一：长征路上红小丫

活动目标：

（1）了解故事《长征路上红小丫》的内容。

（2）在未来的日常生活和学习中，能够坚持正确的价值观，追求更高的理想，并将爱国主义精神传承下去。

（3）知道学习是一项艰巨的任务，但我们要勇于挑战，成为一个有抱负、有信心、有毅力、敢于面对困难的好孩子。

活动过程：

聆听绘本故事《长征路上红小丫》。

活动反思：

在长征的道路上，红小丫展现出了对祖国的热爱，并且建立了良好的人生态度与道德标准。这些都源于我们的祖先，他们一直致力于保护我们的文化遗产。我们也期待着未来的每一天都能继承这些优秀的传统。勇于接受挑战，拥抱挑战，拥抱变化，拥抱未来，以一颗充满激情、勇气、毅力的心，在现在就把这份激情播撒在每个人的内心深处，让每个人都在这份激情的滋润下健康成长。

活动二：走进纪念馆

听了《长征路上红小丫》的故事后，孩子们对长征充满了好奇。为了满足孩子们对长征进一步的了解，教师给小朋友观看了红军长征的资料，孩子们看完后讨论起来。

麦兜：视频里提到的毛泽东是谁啊？

师：是一个很伟大的人物，对红军长征指挥起到了决定性的引领作用，因为有他，红军才能成功地长征。

年年：我好像听妈妈说过，天安门照片上的那个人叫毛泽东！

师：是的，他还带领我们党成立中华人民共和国。

麦兜、年年、含含在下课时还在说毛泽东，许多孩子也纷纷加入讨论。

后来，我们开启了一次红色研学之旅，探索中国共产党的光辉历史。在这次旅行中，我们带领孩子们参观毛泽东像章博物馆，了解毛泽东同志一生的伟大贡献，并通过亲身体验红色岁月，培养他们的爱国主义情怀。

活动目标：

（1）认识毛泽东，了解毛泽东的伟大事迹。

（2）通过听讲解，了解相关历史。

（3）用歌声唤起浓浓的爱国情。

活动过程：

在讲解员的带领下，我们进入博物馆。博物馆的讲解员介绍了毛主席的传奇人生，并引导我们参观了安国的文化长廊，欣赏了毛主席的雕像，让我们近距离感受到安国悠久的历史文化。小朋友们也通过一幅幅老照片、一件件老物品了解到了更多关于毛爷爷的故事。讲解员适时地教育小朋友们："先辈们的艰苦奋斗历程需要我们铭记，现在的幸福生活更需要我们珍惜！"

回到幼儿园后，小朋友们分享了自己去参观纪念馆时发生的故事。

活动三：我心目中的毛爷爷

活动目标：

（1）通过参观，了解毛泽东像章博物馆的名称、地理位置、革命意义。

（2）激发爱家乡的自豪感。

活动准备：

毛泽东像章博物馆图片，幼儿已经参观过该博物馆。

活动过程：

（1）谈话导入，激发幼儿对活动的兴趣。

师：你在毛泽东像章博物馆里看到了什么？听到了哪些故事？

（2）出示图片，引导幼儿观察，了解博物馆的名称、地理位置。

教师总结：毛泽东像章博物馆里面展示了许多红军战斗所用的工具，还有模拟战斗的场景，让人们更加深入地了解红军的历史。

（3）通过展示博物馆内的照片，让幼儿更好地理解它们所代表的革命意义。

活动总结：

我们应当向红军叔叔学习，学习他们英勇无畏、勤奋刻苦、节俭谦逊的品质。

第四篇 相约威海博物馆

活动一：寻找丢失的文物

活动目标：

（1）通过故事情境，关注故事中的线索。

（2）提高观察、思考和解决问题的能力。

（3）学会珍惜和爱护公共财物。

活动准备：

PPT、小铲子若干、宝藏若干。

活动过程：

（1）导入：教师讲故事，激发幼儿的兴趣和好奇心，引导幼儿关注故事中的线索。

播放故事课件《丢失的宝藏》，引导幼儿关注故事中的宝藏。

小结：引导幼儿思考如何爱护公共财物，如不乱丢垃圾、不损坏公共设施等。

（2）教师再次讲述故事，引导幼儿了解故事情节，讨论宝藏为什么会丢失。

（3）分析线索：教师与幼儿一起分析故事中的线索，如宝藏的地点、特点等，帮助幼儿理解并记住这些线索。

（4）教师将幼儿分成若干小组，每组一张藏宝图，要求他们在规定的时间内找到隐藏的宝藏。

小结：当幼儿找到宝藏后，教师引导幼儿分享寻找过程中的趣事和心得，然后一起揭秘宝藏中的内容。鼓励幼儿将自己的寻宝经历以绘画、讲述等形式展示出来，提升幼儿的表达能力。

活动二：博物馆里的秘密

（1）初识博物馆。

最近，班里一位小朋友和爸爸妈妈去参观博物馆，回来后，他在晨谈活动中分享了自己的所见所闻。通过他的分享，全班小朋友对博物馆充满了好奇。为了抓住孩子们的这一兴趣，我们决定和孩子们一起展开对博物馆的认识、探索、研究之旅。

依依：老师，什么是博物馆？

阳阳：博物馆里有什么？

恩依：为什么那些东西会在博物馆里呀？

我们没有直接告诉孩子，而是让他们带着疑问，和家长共同查询相关的资料。在查询的过程中，答案逐渐揭晓……

（2）参观博物馆的注意事项。

孩子们听说要去参观博物馆，小小的脑袋里充满了好奇。为了让文物载着的历史在小朋友们心中“鲜活”起来，在实践活动之前，老师带领小朋友们开展主题教育活动，让幼儿了解参观博物馆的目的，认识到参观博物馆的注意事项，增强安全意识，并对实践活动的安全及注意事项做了详细的要求。

活动三：博物馆巡游记

幼儿是活动的参与者，更是活动的建构者。幼儿经验的生成不是教师告知的结果，而是通过幼儿自主探究获得的。在寻访博物馆活动前，教师发现幼儿对博物馆所关注的点有所不同，就引导幼儿将自己的疑问记下来，列入计划，让幼儿在寻访活动中主动寻找答案。

活动目标：

（1）更加全面地了解和感受家乡的文化，丰富学习体验。

（2）提升自我约束能力和公共道德意识。

（3）增强团队协作能力和集体荣誉感。

活动准备：

水壶、横幅、身份证、反馈单。

活动过程：

走进博物馆，孩子们好奇地上下打量着，耳边回荡着博物馆叔叔阿姨的讲解。我们似乎进入了历史的长河，感受着革命先烈们的爱国情怀与英雄气概。在历史文物展厅里，各种文物吸引着小朋友的眼球。听着叔叔阿姨的解说，虽然似懂非懂，但是在他们小小的心灵深处，充满了对家乡的热爱与自豪。

为了使参观活动更加丰富有趣，老师设计了“博物馆寻宝记”打卡表，请小朋友和爸爸妈妈一起寻找记录表上的5件文物，找到后和文物合影即打卡成功。最后，请小朋友记住文物的形状、样子，回到家绘画下来。

活动总结：

有人说，美国的孩子是在汽车和博物馆中长大的。今天，越来越多的中国孩子走进博物馆。作为一种文化启蒙、一种知识的熏陶和观察自然与社会的窗口，参观博物馆使小朋友们对某一个领域的知识有了更深入的了解。这次参观体验的经历，将为孩子们留下美好的回忆。这种回忆，将为孩子们终身的心智成长奠定良好的基础。

活动四：寻找家中的老物件

在儿童的眼中，世界是多姿多彩的。社会、自然给他们提供了天赐的学习环境，而“实践”赋予了孩子探索学习的武器。实践活动结束后，小朋友们将本次活动用画笔进行表征，眉飞色舞地分享着自己探索到的奥秘。

子城：博物馆里可大了，像迷宫一样，我都快转晕了。

家瑞：我喜欢博物馆里面各种各样的陶器，可好看了。

凡凡：我最喜欢的还是博物馆的大厅，有四个大字……

铭洋：讲解员阿姨说这些陶器是很久以前人们制造的，太不可思议了。

沧苏：让我印象最深刻的就是大象骨骼化石。

峻哲：我喜欢挂在墙上的那些劳动工具，他们让我很好奇，我爷爷家就有。

阳阳：我家里就有古董，奶奶说是老辈人用的“灯”，不过和现在的不一样，以前的灯叫煤油灯。

子城：啥是煤油灯？我家里咋没有呀？

教师：煤油灯是电灯普及之前用的，是以煤油作为燃料的一种照明工具。你们的爷爷奶奶肯定用过。

见孩子们对老物件充满好奇，于是我们利用家庭资源调查家里的老物件（图 19、图 20）。

图 19

图 20

凤鸣：我家里有大哥大，是以前的通话工具，奶奶说现在已经都淘汰了。

童童：我家里有以前用的老式自行车，是我太爷爷上班用的。

李璇：我家有点唱机，爸爸说能放唱片，不过现在都坏了。

二宝：我家里有电熨斗，是以前熨衣服的电器。还是铁做的呢，可沉了。

老式的煤油灯、煮水的大铁壶、劳动人民的钉耙等具有时代烙印的日常生活用品，无不承载着人们曾经走过的岁月，是我们寻常百姓最生动、最鲜活的生活写照。通过此次“寻找家中老物件”活动，孩子们纷纷表示，要珍惜当下美好的生活。

（五）家长资源

家庭在幼儿园教育中的作用被日益认可，家长被认为是参与幼儿园课程改革的重要因素之一。家长的文化背景、职业特点和自身特长是丰富多元的，是不可多得的教育资源。《纲要》也提出：“幼儿园应与家庭、社区保持密切合作，综合利用各种资源，共同为幼儿园的发展创造条件。”

家庭是幼儿园重要的合作伙伴。家长作为重要的资源，他们的参与可以丰富孩子们的知识面。家长的知识经验涉及多个方面，他们考虑问题的出发点与教师有所不同，同时在知识信息方面，有的甚至大大超越教师熟悉的领域，在物质资源方面可以提供多渠道的支持。在此次研学活动中，家长充分发挥了理解、支持和参与的教育作用。幼儿园要借助家长力量，引导家长融入幼儿园课程学习活动，促使家长更加了解幼儿的学习特点和方式，树立正确的教育观念和教育方法，共同促进幼儿的发展（表16～表19）。

表16 “神奇的科技”家园互动表

活动内容	活动形式	家庭引导	目的
科技馆里有什么	调查问卷	发挥家庭资源，帮助幼儿了解科技馆。	与幼儿交流，分享科技馆里都有什么，使他们尝试认知并进行记录。
我眼中的科技	绘画	协助幼儿将科技馆里看到的感兴趣的事物画出来。	进一步了解科技馆，激发幼儿的探究欲望。
我是发明家	亲子手工制作	和幼儿一起制作科技创新作品。	体验亲子间合作的乐趣，发展幼儿的想象力、创造力和动手操作能力。

表17 “走进海洋科技馆”家园互动表

活动内容	活动形式	家庭引导	目的
沙池挖宝	亲子活动	幼儿在幼儿园挖到贝壳之后对贝壳产生兴趣，家长带着幼儿到海边进一步实地探索。	加深幼儿对贝壳的好奇心，产生继续探究的兴趣。
美丽的贝壳	查找资料	通过上网查询等多种方式，与幼儿一起了解贝壳的更多种类。	了解贝壳的种类和作用。
探秘海洋科技馆	亲子研学	亲子陪伴，共同探秘海洋科技馆。	加深幼儿对海洋的了解，提高幼儿保护海洋的社会责任感和意识。

（续）

活动内容	活动形式	家庭引导	目的
介绍我喜欢的展馆	调查表	与幼儿一起回忆研学中发生的好玩的事情，引导幼儿将自己喜欢的展馆画出来。	引导幼儿将自己的收获用自己的语言表述出来。

表 18　“毛泽东纪念馆”家园互动表

活动内容	活动形式	家庭引导	目的
毛泽东是谁	调查表	协助幼儿认识了解毛泽东。	与幼儿交流，分享毛泽东的故事，使幼儿尝试认知并进行记录。
寻找毛泽东的故事	亲子阅读	鼓励幼儿用多种途径了解毛泽东。	了解毛泽东的事迹，向毛泽东同志学习。
亲子游戏	亲子互动	陪伴幼儿参与长征游戏活动。	让幼儿更加深刻地了解长征中的挑战，增进亲子之间的情感。

表 19　“相约威海博物馆”家园互动表

活动内容	活动形式	家庭引导	目的
讨论“参观博物馆需要注意什么”	调查表	①和幼儿一起头脑风暴，家长负责记录，幼儿表征。 ②填写“参观博物馆”注意事项调查表。	帮助幼儿整理相关资料，对参观博物馆有初步的了解。
寻找丢失的文物	家长进课堂	①家长走进课堂，讲述国宝的种类及找寻丢失文物对国人的意义。 ②体验亲子活动的乐趣。	增强家长与幼儿之间的交流、讨论、创意和合作。
寻找老物件	亲子合作	①家庭成员搜集“老物件”。 ②向幼儿介绍老物件的用途、背后的故事。	丰富幼儿对老物件的了解，了解中国的历史。
参观“威海博物馆”	户外亲子研学活动	①寻找记录单上的 5 样陈列品。 ②拍照打卡。	感受博物馆的魅力，提升观察能力、审美能力。

（六）我们的感悟

1. 家长感悟

（1）“走进科技馆”孙嘉洛妈妈的感悟。一直想带孩子来科技馆参观，但因为各种原因一直没有去成。这次班级组织去参观科技馆，我们积极报名参加，感到非常开心。

通过威海科技馆研学之旅，孩子开阔了视野，接触了平时接触不到的新鲜科学事物，激发了探索欲望，身临其境地体验科学的魅力。同时，活动加强了父母与孩子间的沟通，增进了亲子关系。

（2）“走进海洋科技馆”邢芷奥妈妈的感悟。通过一天的研学之行，孩子们收获满满。走进威海海洋科技馆，零距离感受科技的神奇魅力，激发了他们对科学技术的兴趣，播下了科学之花的种子。

海洋科技馆向我们普及海洋科技知识、展示海洋科技发展，在参观与实践中，孩子们近距离接触海洋生物，了解它们的生活习性，不仅使好奇心得到了满足和释放，而且培养了孩子的观察力。大家明白，只要有爱心就可以和动物们共享一片蓝天，有助于孩子们从小树立爱护环境、保护动物的理念，感受生命的意义。活动真正做到了在研学中进步，在研学中成长，在研学中创新！

（3）“走进毛泽东纪念馆”李宥哲妈妈的感悟。相信通过这次研学活动，小朋友们的心中都会埋下一颗红色的种子。历史因铭记而永恒。我们应该让红色基因代代相传。当代青少年，生逢其时，勇担大任，坚守人生底色，传承红色基因，谱写时代篇章。

（4）“相约威海博物馆”宋俊泽妈妈的感悟。作为家长，我有幸陪同孩子参观博物馆，这对我来说是一次非常有意义的体验。我深刻地感受到了博物馆对孩子们的教育价值。博物馆丰富的展品让孩子们直观地了解了历史和科学知识。在参观过程中，孩子们不仅积极提问，而且亲自体验，这极大地激发了他们的好奇心和探索欲望。我观察到，孩子们在博物馆中表现出极高的兴趣和热情，这让我深感欣慰。

此外，参观博物馆也让我意识到，孩子们在集体活动中能够更好地学习和成长。在博物馆中，孩子们不仅能够学到知识，而且能学会如何与人沟通、合作和分享。这次参观让我更加坚信，多样化的学习方式对孩子的全面发展至关重要。

同时，我也认识到，作为家长，要学会尊重和引导孩子的兴趣。在参观过程中，我发现孩子们对某些展品特别感兴趣，而对这些展品背后的知识也了解得更加深入。这让我意识到，我们要关注孩子的兴趣，鼓励他们积极探索，从而培养他们的自主学习能力。我相信，在今后的学习生活中，孩子们会不断汲取在博物馆中所学的知识，茁壮成长。同时，我也将更加关注孩子的兴趣和发展，努力为他创造一个良好的成长环境。

2. 教师反思

（1）“走进科技馆”邓老师的感悟。参观活动虽然结束了，但孩子们仍意犹未尽。通过直观的体验和感受，孩子们已经在幼小的心里种下了科学的种子，这粒种子一定会不断地生根发芽。

儿童有着与生俱来的好奇心和求知欲，好奇、好问、好探索是幼儿的年龄特点，所以我们教师会利用生活中的多种途径为幼儿创造可探究、实践的机会和条件，激发他们探究的欲望，体验探究的过程。同时，这也让我们教师走近了科学，感受它的魅力，促使我们在科学领域的教学中产生新的碰撞和灵感。

通过开展此次活动，孩子们感受到了科技的无穷魅力，激发了对科学探究的兴趣，萌发了爱科学、学科学的积极情感。希望通过此次活动，孩子们能从小树立远大理想，努力学习、勇于创新、艰苦奋斗、不怕吃苦，为迈向科技强国征途中的国家贡献出自己的力量。

（2）“探秘海洋科技馆”苗老师的感悟。最近几年，全球科技正在以前所未有的速度迅猛发展，海洋科技创新能力也在不断增强。我国在关键领域的技术上取得了一系列新突破。孩子们在观摩中了解了“蛟龙”“深海勇士”“奋斗者”号成功研制，载人深潜突破万米大关，海洋探测运载作业技术实现质的飞跃。虽然孩子们还小，但是相信通过这次研学，会对海洋科技有初步的了解。

海洋科技的发展前途无量，但发展海洋经济是一项系统性、长期性的任务。我们希望通过每一次小小的研学活动，在孩子心里种下希望的种子，培养孩子驾驭科技的能力和信心，相信自己未来必将成为时代的主流，为推动我国由海洋大国向海洋强国转变贡献力量。

（3）“走进毛泽东像章博物馆”宋老师的感悟。参观活动在幼儿心里播种下红色种子，根植爱国情怀。通过对党的伟大历程的学习，小朋友能够更加清楚地认识到革命先辈的英勇事迹以及他们顽强拼搏的精神，从而建构起一种健康、积极的世界观、人生观、价值观，激发出热爱祖国、热爱家乡的情感。家长们给予的支持让活动更加丰富，使幼儿的探究更加深入。

（4）“相约威海博物馆”赵老师的感悟。通过本次参观博物馆活动，孩子们能够近距离接触和了解本土的历史文化，增长知识，培养对家乡和祖国的热爱之情。这种活动有助于在幼儿心中播下爱国主义的种子，增强他们的历史责任感和使命感。

教师组织幼儿总结活动中的收获，引导幼儿思考如何更好地解决问题和合作。教师对本次活动进行总结，表扬幼儿的表现，并鼓励他们在以后的生活中勇于探索、积极合作。在整个活动过程中，教师要注意引导幼儿发挥主动性，培养他们的观察、分析、合作和表达能力。同时，关注幼儿在活动中的情感体验，确保他们在愉快的氛围中收获知识和技能。

（案例提供：王艺萌及全体班主任老师）

第四章

海纳课程之立智——海之韵

我们的孩子现在应该怎样培养才能驾驭未来世界的最新科技，与机器人共舞呢？孩子的科学素养和创新创造能力一定是从大脑发育的黄金时期开始培养的，因此我们将科技探索和幼儿早期数学思维培养作为幼儿园的重点进行研究实施。

第一节　探秘深蓝之“海洋世界”

对幼儿而言，海洋是一个神秘的世界。我们聚焦幼儿的兴趣，捕捉精彩瞬间，积极利用地域资源开展海洋生态、海洋环境、海洋军事等主题活动，生成有意义的“深海精灵——水母”“‘藻’音四起”“‘虾’路相逢”“好玩的水”“大海里我最大”“船来船往”等主题项目式研究，引导幼儿认识海洋、珍惜海洋、亲近海洋，满足幼儿探索海洋世界的愿望，并激发幼儿对海洋的热爱之情和保护海洋环境的意识。

探究式课程：深海精灵——水母

一、主题活动由来

上学期，孩子们和老师一起探索了海螺的神奇世界。孩子们对于接下来要探索什么时，兴趣依旧浓厚。大庆说：“老师，我们研究下虎鲸吧。”我好奇地问道：“为什么呀？”大庆说：“因为虎鲸是海上霸王，而且智力和人类不相上下。”我不禁感受到孩子们的知识量和好奇心远在我们想象之外。在班级建设植物角期间，斯然带来了一只水母，引起了小朋友们极大的兴趣，大家对这个“新朋友”展开讨论。木言说：“水母长得都一样吗？”小雨说：“它生活在哪里呢？”雯雯说：“它的身体是透明的，还有其他颜色吗？”

看到孩子们对水母充满好奇和探究欲望，我们决定跟随孩子们的兴趣，开展“深海精灵——水母”主题活动，让孩子们在观察、发现、探索、分享等活动中了解有关水母的知识，体验科学的有趣和有用，亲近自然、走进科学。

二、主题活动目标

1. 在倾听关于水母的故事、快乐捕水母、飘动的水母、小水母的愿望、梦幻小水母、灯塔水母、消失的水母等丰富多彩的活动中，激发对水母的兴趣，认识水母的种类，感受海洋文化。

2. 逐步养成用心关注、深入观察、静心思考、积极探究的学习素养。

3. 激发对大自然的喜爱之情，形成坚强、耐心、探索的品质。

三、主题活动脉络图

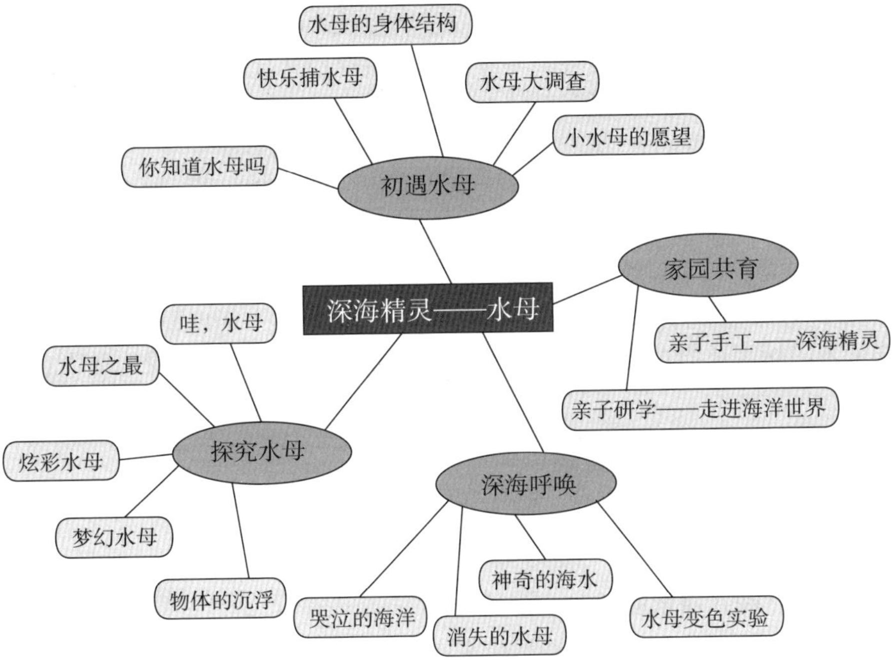

（一）初遇水母

正如神话故事里所讲，大海是一个充满传奇的地方，各种自由自在的海洋动物、五彩缤纷的海洋植物、缱绻的浪花，我们沉醉在大海的壮观和神秘里。为了在幼儿已有的兴趣点上更好地激发他们对水母的探索热情，引导其主动参与到对水母的探索活动中，帮助其获得有益的知识经验，形成良好的情感体验，教师将认识水母的基本特征（外观、种类、特性、作用）到感知水母文化贯穿整个主题活动中，鼓励、引发幼儿在自发收集、自发探索、分享交流中走进丰富多彩的深海精灵的世界。

教师与家长建立紧密的联系，邀请家长参与到孩子们的课程中来。利用周末与幼儿在海边嬉戏探索，同时参观海洋博物馆。通过探索观察，了解水母的世界，为活动的开展与延续打下了坚实的基础。

（二）探究水母

在广泛探究水母的同时，教师大量查阅资料，学习、了解水母的基本特性，为指导幼儿探究水母积累经验。在开展过程中力求做到以下两点。第一，活动目标体现可操作性。如幼儿可以亲自摸一摸、说一说、听一听、玩一玩、闻一闻，观察水母的形状、大小以及花纹的不同，感受水母的身体，更好地激发幼儿进行想象、制作。第二，活动过程体现趣味性。充分利用家长资源，请家长利用节假日带领幼儿走出去，找一找、看一看、玩一玩，获得轻松、愉快的生活体验，在亲子游戏中敢于表达自己的想法，体现幼儿的主体性，让幼儿大胆想象、充分表达自己独特的见解。教师引导幼儿从颜色、大小、形状、纹路、外表、轻重等方面零距离接触水母，自主探索，获得奇妙的知识。

（三）深海呼唤

为帮助幼儿得到更多关于饲养水母的经验，我们提出了“海水的妙用”的问题，鼓励幼儿自己寻找答案。幼儿回家和爸爸妈妈一起通过书籍、网络等多种途径查阅资料，了解到水母必须生活在海水中，可以用纯净水加海盐调制适合水母生存的海水。幼儿通过了解海洋动物的死亡原因，知道环境污染对海洋生物带来的伤害，愿意主动保护环境，不乱丢垃圾，同时带动身边的人也要保护环境。

四、主题活动过程实录

第一阶段：初遇水母

活动一：你知道水母吗？

在班级创设植物角期间，斯然带来一只海月水母，引起了小朋友们极大的兴趣。大家就对这个“新朋友”展开讨论……

沐沐：你是从哪儿弄到的水母呀，太可爱了，我也想要一个。

斯然：我在海洋馆买的。

灿灿：老师，我在海边玩的时候，抓到过水母。

教师：那谁能说说你知道的水母吗？

萱萱：它的身体看起来是透明的。

睿睿：那水母都是一样的吗？它们只生活在海里吗？

瑞军：它的身体都是透明的吗？它吃什么东西呀？

雯雯：它能活多久呢？它是怎么在水中游动的呢？

孩子们一边说一边兴奋地讨论着。

从孩子的问题出发，我和孩子们通过视频了解到，水母不只生活在大海中，还有生活在淡水中的。水母的颜色也是丰富多彩的。

活动二：快乐捕水母

活动目标：

（1）学习钻的动作，提高身体的灵活性。

（2）在活动中，愿意与同伴一起游戏，体验与同伴游戏的快乐。

活动准备：

音乐《碧波摇篮曲》。

活动过程：

（1）情境导入。

师：今天天气真好，海绵宝宝要去大海里抓水母。今天老师来扮演海绵宝宝，小朋友来扮演小水母好吗？小水母是怎么游的呢？（请小朋友模仿水母在大海里游一游，重点提醒朝一个方向游，以免发生碰撞）

（2）介绍玩法：出示道具渔网，介绍游戏玩法。

师：这是海绵宝宝的网，等会儿我就要拿这张网去捉小水母，被我的网罩到的小水母就代表被我抓到了，去岸上休息一会儿。小水母游的时候千万要注意不能游出这几条白线，游累的小水母可以去圈内休息，海绵宝宝是不会抓圈内的小水母的。

（3）开展游戏一次，对游戏规则理解及遵守情况进行评价。

（4）开展游戏2～3次后，请个别幼儿尝试做海绵宝宝。

（5）拓展游戏“渔网捕鱼”。

师：有几只小水母真灵活，我到现在都没有捕到呢。现在，我要请几个小帮手来帮助我，拉手形成一张更大的渔网。

（6）结束。

师：小水母今天游得累不累啊？那我请所有的水母回岸上休息会儿。做放松运动，敲敲大腿，转转小手转转脖子。请所有的水母排好队，海绵宝宝现在要卖水母去咯。

活动三：水母的身体结构

活动目标：

（1）初步了解水母的身体结构。

（2）认识各种各样的水母，对科学活动感兴趣，能积极动手探索。

活动准备：

PPT。

活动过程：

（1）讨论水母，引起兴趣。

师：小朋友们，水母的身体由哪些部分组成？

大庆：身体像一把伞。

议夫：伞下有长长的触角。

书萱：身体是彩色的。

津睿：不对不对，身体是透明的。

（2）用放大镜观察水母，出示水母身体结构的图片。

水母的身体有95%以上是水分，其他则是蛋白质和脂质。水母的身体会呈现透明状，就是因为身体内的水分。水母具有三胚层，最外是表皮层，最内层是胃皮层，由胃皮层构成简单的体腔，只有一个开口，兼具口及排泄的功能。在表皮层及胃皮层之间的是中胶层。

水母的身体外形就像一把透明伞，伞状体的直径有大有小，大水母的伞状体直径可达2米。伞状体边缘长有一些须状的触手，触手的数量依水母的种类不同而不同，有的触手可长达20～30米。大多数水母的触手上都有数量不等的刺细胞，能够射出毒液。猎物被刺螯以后，会迅速麻痹而死。对人也有很强的毒性。

活动四：水母大调查

孩子们认识了各种各样的水母，对水母有了更清晰的认识。于是，我们在和孩子们讨论之后，制作了走进水母世界的调查表。通过调查，孩子们知道水母有仙后水母、海月水母、狮鬃水母等，水母的颜色有蓝紫色、彩虹色、白色、粉色、黄色、红色、淡紫色、深紫色、淡绿色等。通过讨论，孩子们知道水母是呈伞状的白蘑菇，又称海蜇、白皮子，是一种胶质浮游动物，营养价值较高，含有人体需要的多种营养成分。这些都是通过孩子们与家长、老师共同探索发现的。集体活动中，我们又和孩子们进行了讨论探究。孩子们畅所欲言，眼神中透露出对知识的渴望。最后，我们又将孩子们的调查表张贴在主题墙上，将我们的主题融入环境中，不仅增强了孩子们的参与意识，而且让孩子们在参与中增强探究欲望。

活动五：小水母的愿望

活动目标：

（1）愿意以小水母的愿望为主线，理解绘本故事。

（2）知道每个人都是独特的，喜欢自己的不同。

活动准备：

绘本PPT。

活动过程：

（1）幼儿完整欣赏配乐绘本故事《小水母的愿望》。

师：故事里发生了什么事？听了这个故事，你有什么样的感觉？

（2）分段重点欣赏。

讨论：为什么小水母厌倦了飘来飘去的日子？

（3）跟随PPT画面的播放，幼儿回忆并尝试讲述故事。

师：这个故事真感人，有的地方让人感到很快乐，有的地方让人感觉有些担心和害怕，还有的地方让人感觉非常感动和幸福。我们再来好好欣赏这个故事，也可以自己来看着画面讲讲这个故事。

第二阶段：探究水母

活动一：哇！水母

活动目标：

（1）感受水母的梦幻与神秘，喜欢并热爱海洋。

（2）愿意认真倾听故事内容，并敢于发表自己的想法。

活动准备：

绘本PPT。

活动过程：

（1）出示绘本封面，引出活动主题。

提问：你喜欢水母吗？为什么？

（2）教师出示PPT，完整讲述绘本《哇！水母》，幼儿初步了解绘本故事内容。

提问：故事叫什么名字？水母都有什么种类？生活在哪里？吃什么？

师：水母是海洋里的精灵。水母家族的成员种类很多，水母的形态也是千姿百态。到了海洋馆，很多小朋友都喜欢观察水母。

活动二：水母之最

活动目标：

（1）了解水母的外貌、生活习性，并能较为自然流畅地表达。

（2）知道水母在海洋中的作用。

（3）提升观察能力。

活动准备：

图片、游戏道具。

活动过程：

（1）出示有关水母的图片，可以是水母的真实照片，也可以是漫画、绘本中的水母，通过问答或幼儿口述的方式，了解幼儿对水母的认识。

（2）基础知识讲解。

引导幼儿认识水母，讲解水母的外形特征及其生活环境。

（3）互动体验。

幼儿体验玩具水母，如木质或塑料的水母模型，或是布偶、手摇风扇等道具。教师可辅助幼儿观察、摸索、感悟水母的形态与动作，引导幼儿联想、探索、体验，并慢慢发掘出以往被孩子忽略的美好之处。

活动反思：

在认识水母的活动中，教师准备了一些可操作的材料，并让幼儿进行操作尝试。在整个互动交流过程中，幼儿的学习非常直观，能够提高认知水平。并且，在此过程中，教师可以细致地观察幼儿，对幼儿进行针对性的训练，以不断提高幼儿的认知水平，促进幼儿的良好发展。

活动三：炫彩水母

活动目标：

（1）尝试用涂抹的方法表现水母不同动态下的半圆形身体。

（2）探索运用不同的曲线（螺旋线、波浪线等）表现水母舞动的触手。

活动准备：

（1）经验准备：幼儿认识水母，欣赏过各种线条，感受过各种线条带来的不同感觉。

（2）物质准备：各种各样的水母图片，蓝色卡纸人手一张，白色、粉色、黄色水粉颜料，水粉笔、线描笔若干。

活动过程：

（1）出示水母图片，引导幼儿观察水母的特征。

提问：哪里是水母的身体？它的身体像什么？哪里是水母的触手？它的触手是什么样的？

（2）感受水母的动态。

提问：你看到的这些水母有什么不同？弯曲的、螺旋的触手会让你想到水母像在干什么？

（3）引导幼儿尝试用身体动作表现水母舞动的触手。

（4）启发幼儿思考并尝试表达自己的创作想法。

讨论：水母的身体可以怎么表现？水母跳舞的时候，它的身体与触角是什么样子的？

（5）幼儿创作作品《炫彩水母》，教师观察指导。

（6）幼儿互相欣赏作品，感受用曲线表现的触手所产生的舞动的感觉。

提问：你的水母在跳什么样的舞？你是用什么线条来表现的？

活动反思：

本节生成活动顺应了幼儿的兴趣，充分调动孩子的积极性。在整个活动中，教师只是作为陪伴者、协助者和引导者，为孩子提供需要的物品工具，与他们共同探索。

活动四：梦幻水母

活动目标：

（1）了解塑料瓶在日常生活中的运用，激发对小实验的兴趣。

（2）通过参与实验活动，增强动手能力和思维能力。

（3）愿意和同伴共同完成简单有趣的科学小实验。

活动准备：

一次性手套、剪刀、滴管、瓶子、色素、手电筒。

活动过程：

（1）用剪刀剪去保鲜袋的底部，并将保鲜袋两侧剪开。在保鲜袋的中心抓出一个空心球作为水母的头部，然后用棉线绑紧（不要太紧，以便一会儿灌水）。

（2）用剪刀继续在水母头部以下剪出一些水母的脚。

（3）在透明塑料瓶内装满水，滴入几滴蓝色色素后摇匀。

（4）往做好的水母头部内装入一部分水，然后放入塑料瓶内并盖好瓶盖，颠倒瓶子或者用力挤压瓶身，仔细观察水母是怎样在瓶子的海洋中畅游的。

活动五：物体的沉浮

活动目标：

（1）探索物体的“沉”和“浮”，乐于参与科学实验。

（2）愿意大胆尝试实验，并与同伴分享自己的心得。

（3）在活动中，体验成功的喜悦。

活动准备：

盛有水的大盆、塑料玩具、木片、石子、铁钉、鹌鹑蛋。

活动过程：

（1）请幼儿猜一猜老师准备的这些东西（塑料玩具、木片、石子、铁钉），如果放到水中会怎样？

（2）请幼儿将这些东西依次放到水中，观察变化。

（3）请幼儿在室内搜集各种材质的物品，将它们放到水中并观察它们的变化，以小组为单位将实验结果记录下来。

（4）各组幼儿表述本组的实验记录，教师将结果统计在黑板上。统计出哪些物品沉到水底，哪些物品浮到水面。通过统计，引导幼儿发现物体的沉和浮与物体本身的材质有关。

（5）请幼儿讨论为什么有的物品会浮到水面上，有的物品却沉到水底。

（6）教师根据幼儿的讨论情况进行小结。

活动反思：

这个活动不仅让孩子体验到学习的快乐，而且丰富了有关物体沉浮的经验。在活动中，幼儿积极思考，踊跃回答老师的问题，充分达到了教学效果。活动内容是根据幼儿的年龄特点来安排的。教师在活动过程中充分抓住了幼儿的好奇心来进行教学，让幼儿在愉快的氛围中学习。

第三阶段：深海呼唤

活动一：消失的水母

活动目标：

（1）愿意探究水母消失的原因。

（2）敢于用完整的语言表达自己的想法。

（3）感受大自然的神奇，产生探究兴趣。

活动准备：

画笔、贝壳图纸。

活动过程：

（1）讨论水母为什么会死亡。

小朋友分组探讨水母死亡的原因。

睿睿：可能是因为水缸里没有小气泡。

议夫：可能是饿死的。

大庆：可能是水太浑了。

（2）探讨水缸里的小气泡。

师：为什么没有小气泡，水母会死亡？小气泡是什么？我们呼吸需要什么？（空气）是的，因为空气中的氧气。

睿睿：我知道，那叫充氧泵，我在海洋馆见过。

议夫：老师，海里面也没有充氧泵呀，它又是怎么办呢？

师：议夫小朋友的生活经验相当丰富，是的，那怎么办呢？

大庆：老师，我知道，它们会跃出水面来呼吸。

师：是的，有一部分水里的动物是这样呼吸的。但水母是靠皮肤来吸收水中的氧气的。

（3）观看光照下植物冒出小气泡的视频。

师：小朋友们，刚才有没有看到小气泡从哪里出来？是的，植物会释放出氧气，所以海里的植物就为小水母和海里的各种动物提供了氧气。

（4）探讨水母为什么会消失。

师：水母需要水中的氧气来生存。当水中的氧气含量降低，或者水环境变得不再适宜水母生活时，水母就会面临生存危机，甚至死亡。

（5）延伸：在日常生活中，哪些因素可能导致水母消失呢？

①水质污染：当水环境中存在过多的污染物，如化学物质、重金属、塑料垃圾等，这些污染物会破坏水体的生态平衡，导致水中的氧气含量降低，从而影响水母的生存。

②水温变化：水母对水温的适应能力有限。如果水温过高或过低，水母的新陈代谢会受到影响，甚至导致死亡。

③食物短缺：水母的食物主要是浮游生物，如浮游植物和浮游动物。如果水中的浮游生物数量减少，水母将面临食物短缺的问题，影响其生存。

（6）创作保护水母的作品。

师：现在，让我们用画笔和贝壳图纸来创作一幅关于保护水母的画作吧！你可以画出清澈的海水、健康的水母、丰富的浮游生物以及我们为保护海洋环境所做的努力。通过这幅画作，让我们一起呼吁更多的人关注海洋保护，珍爱水母这一美丽的海洋生物。

活动二：神奇的海水

活动目标：

（1）知道海水是咸的，了解海水中含盐。

（2）知道直接饮用海水有害健康。

（3）通过尝一尝、做实验等方式，提升科学探究的意识和能力。

活动准备：

海水。

活动过程：

（1）说一说。

师：我们生活在大海边，夏天，有的小朋友在爸爸妈妈的带领下，到大海里游泳。游泳的时候，海水可能呛到嘴里，哪个小朋友有这样的经历？快告诉我们你尝到的海水是什么味道啊。

分组讨论交流。

（2）尝一尝。

出示准备好的一杯海水，让幼儿舔一舔、尝一尝，然后说说是什么味道。（注意卫生，不要让幼儿喝多，尝后用凉开水漱口。）

（3）猜一猜。

师：现在，我们都知道海水是咸的了，请你们大胆猜一猜，海水为什么是咸的？（老师不急于肯定或否定幼儿的说法，鼓励幼儿大胆猜想和发表自己的看法。）

（4）看一看。

师：下面，让我们听一听医生是怎么说的。

（播放医生解释海水不能直接饮用的视频。）

（5）结合情景图编小故事：小明到海边玩水，把衣服弄湿了，衣服晾干后留下了白色的痕迹。

师：猜一猜衣服上白色的痕迹是什么东西？（老师对猜想是盐的幼儿给予肯定。）

（6）实验验证猜想。

师：下面让我们来做个小实验，验证一下海水中是否真的有盐。

通过实验，师幼明确海水中的水分蒸发后，剩下的白色粉末就是盐，从而确定海水中含有盐这个结论。

活动三：水母变色实验

活动目标：

（1）通过实验，探索水母变色的原因，发展初步的探究精神。

（2）通过实际操作，提升动手操作能力。

（3）在活动中体验成功的喜悦。

活动准备：

视频短片《水母》、手电筒、镂空的水母图样、玻璃纸。

活动过程：

（1）与幼儿观看视频短片《水母》，向幼儿提问：为什么短片中的水母会有颜色？

（2）把活动室的灯关掉，利用手电筒、不同颜色的玻璃纸及镂空的水母图样，与幼儿一起进行“水母变色小实验”。

①请幼儿把镂空的水母图样贴在手电筒发光的位置，然后把手电筒打开，让光线投射到白色的墙壁上，观察“水母”的颜色。

②再请幼儿尝试把不同颜色的玻璃纸贴在手电筒的水母图样上，然后把手电筒打开，让光线投射到墙壁上，看看有什么发现。

③与幼儿讨论墙上的“水母”变色的原因，引导幼儿了解水母是透明的，当它们被有颜色的光照射时，便像有了颜色一样。海洋公园里的水母，由于被不同颜色的灯光照射，因此会变出不同的颜色。

活动四：哭泣的海洋

活动目标：

（1）理解歌词，学习用柔和轻缓的歌声演唱歌曲，感受保护海洋的意义。

（2）通过倾听、比较，感受乐曲抒情感伤的风格并学唱歌曲。

（3）尝试用歌词中的语言回答问题。

活动准备：

《哭泣的海洋》音乐。

活动过程：

（1）教师带领幼儿伴随着欢快的乐曲，自由做动作进入活动室。

（2）引导幼儿感受乐曲抒情感伤的曲调，熟悉歌曲旋律。

①教师弹奏乐曲《哭泣的海洋》，幼儿聆听。

②对比进场曲，感受乐曲抒情感伤的风格。

③幼儿伴随《哭泣的海洋》的乐曲做动作，熟悉歌曲旋律。

④感受三拍子歌曲的强弱拍，尝试在重拍上做动作，继续熟悉歌曲旋律。

（3）引导幼儿根据图片，逐段理解歌词内容。

①鼓励幼儿猜测歌曲中发生的事情。

师：曲子的名字叫《哭泣的海洋》。猜一猜，海洋里发生了什么事情？

②引导幼儿理解歌词，并尝试用歌词回答问题。

第四阶段：家园共育

活动一：亲子手工——深海精灵

活动目标：

（1）发挥想象力，创造性地用各种造型及色彩表现海底世界丰富的生物及海景。

（2）迁移已有的制作经验，学习预测活动中的问题并尝试解决问题。

活动准备：

彩泥、矿泉水瓶、色素、海底世界的图片。

活动过程：

（1）谈话导入。

师：你们知道海底世界是什么样的吗？海底都有什么呀？

（2）出示图片，欣赏海底世界。

师：星期天的时候，老师去了海洋馆，拍了很多海底世界的照片，想和大家一起分享。

观看图片并提问：这是什么呀？它是什么颜色的？你最喜欢海底世界的什么呀？海底有这么多我们喜欢的动物，我们要保护环境，防止海水被污染，让海洋动物快乐地生活在大海里。

（3）教师介绍材料并示范制作泥贴瓶子。

师：老师会变魔术，把大海装进了魔法瓶，变出了许多水草。一条小鱼游来了，一只海星游来了，又游来了一只小海龟。魔法瓶上的海底世界真漂亮啊！水草、小鱼、海星、海龟，都是用什么做的呀？你们想不想在魔法瓶上做一个自己的海底世界呢？这里有橡皮泥、小刀，还有魔法瓶。在魔法瓶上贴泥的时候，瓶子要这样立着，要是斜着或者倒着，水就洒出来了。如果想贴另一边，就这样轻轻地把瓶子转过来。

（4）幼儿制作泥贴瓶子。

提醒做完的幼儿把作品放到展览区，可以把自己的作品介绍给好朋友，也可以帮助没有做完的小朋友。

（5）交流欣赏作品。

老师和幼儿共同欣赏作品。

（6）结束。

师：小朋友们真能干，做的泥贴瓶子真漂亮。给自己鼓鼓掌，等下午爸爸妈妈来接的时候，我们请他们参观。

活动二：亲子研学——走进海洋世界

蓝色的大海流传着许多神秘的传说，孕育着各类奇妙的生命。本学期，我们开展了“深海精灵——水母”的主题活动，孩子们在探索中表现出对海洋生物极大的兴趣。伴随着孩子的兴趣，同时为了更好地拓宽孩子们的视野，增加海洋知识，培养孩子们的社交能力与情感积极性，家委会带着孩子们开展了一次“走进海洋世界探秘深海精灵”的研学活动。

活动前，家委会向孩子和家长介绍活动内容和注意事项，并进行了安全教育和提示，提前为孩子和家长进行了分组，做到心中有数。嘱咐家长和孩子穿着舒适的衣服和鞋子。准备了卷纸、水杯、创可贴、晕车药、塑料袋、照相机等必备用品，为出游做好精心的准备。制订了安全预案。

在参观海洋世界时，家长引导孩子观察各种海洋动物的外形特征等，鼓励孩子多看、多说，讲讲自己的见闻和感受。一日的游览给孩子和家长留下了深刻的印象。家长们也通过活动对幼儿园和老师的工作有了进一步的了解，从而更加支持我们的工作。

第五阶段：主题活动资源

（一）幼儿园资源

在“深海精灵——水母”这一主题活动中，我们创设了与水母相关的环境，如在区域里投放水母图片，将走廊环境布置成海洋风格，让孩子身临其境（表 20）。环境是重要的教育资源，就像一个不会说话的老师。幼儿园的班级环境创设更是一门隐性课程，在开发幼儿智力、促进幼儿个性发展等方面具有不可低估的教育作用。

表 20　“深海精灵——水母”环境创设表

环境创设	（1）将收集到的水母图片、手工艺品及相关资料投放到活动区，供幼儿认知、分类。 （2）在活动区，增加适合中班幼儿的玩具、图书等，营造丰富的活动环境，使幼儿喜欢新班级。 （3）在美工区投放水母、贝壳、白乳胶等材料，供幼儿创作粘贴画。 （4）布置“深海精灵——水母”墙饰、吊饰等。 （5）角色区布置“拯救小水母”，提供各种清理工具。 （6）设计“小展台”，展示幼儿制作的手工作品。
区域设置	（1）美工区：“炫彩水母”“漂亮的水母”“幻彩水母灯”“海洋世界”。 （2）数学区：“水母有几条腿”“水母相邻数”“水母数量对应”“影子配对”。 （3）阅读区：投放《小水母的愿望》系列丛书、《神奇的海底世界》系列丛书。 （4）科学区：“梦幻水母瓶”“浮沉水母”“烟雾水母”“跳舞的水母球”。 （5）建构区：“水母城堡”“深海传说”。

（二）家长资源

在认识水母的活动中，要注重调动家长的积极性，使他们重视、关心并积极配合幼儿园进行海洋课程资源的建设，充分利用好“家长”这个幼儿教育的“活资源”（表 21）。活动中，首先，请家长带幼儿到大海边进行亲子活动，利用节假日带幼儿参观海洋馆，观察、了解各种海洋动物的特征和习性。其次，利用调查表、与家长交流等方式做好前期的准备工作，并通过家校通、家长园地、致家长的信等形式帮助家长了解幼儿博物馆课程资源建设的意义及其对幼儿能力发展、学习习惯、良好情感培养的重要性，转变家长观念。在此基础上，引导家长积极参与到资料收集、观察、认知活动中。如在“水母小讲堂”中，家长们通过多种渠道收集了许多关于水母的知识，并以图片、文字等形式进行了认真的记录；在遇到“物体的浮沉”“消失的水母”等困惑时，家长积极保护孩子的求知欲望，通过网络、书籍等途径帮助幼儿寻找答案，并通过班级论坛与班上所有孩子的家长共同讨论、交流，进一步增加幼儿对活动的融入程度，增强亲子情感交流等。

表 21 “深海精灵——水母”家园互动表

活动内容	家庭参与形式	家长的角色和作用	家园联系目的
收集资料前的准备工作	调查问卷	（1）你的孩子在哪里见到过水母？ （2）你认识这些水母的种类吗？ （3）当孩子对水母感兴趣时，你会如何引导呢？	让家长了解、关注孩子的兴趣点，为接下来收集水母资料的工作做好铺垫。
收集各种各样的贝壳	致家长的信	（1）协助孩子收集生活中各种各样的水母资料。 （2）向孩子简单介绍水母的名称，引导孩子观察水母的外形特征。	与孩子交流，寻找需要的信息，进一步激发幼儿参与活动的积极性。
记录孩子的困惑	亲子互动探究	记录孩子提出的有关水母的问题。	与孩子一起收集水母的相关知识，帮助幼儿探索水母的秘密。
记录孩子在活动中发生的小故事	观察小日记	（1）鼓励幼儿大胆进行探索活动。 （2）利用家庭资源，分享孩子有益的行为。	引发孩子对水母的持续探索，促进亲子交流，共同成长。
了解贝壳的用处	亲子互动探究调查表	通过网络、书籍等多种信息渠道，调查水母与人类的关系。	寻找需要的信息，帮助孩子解决遇到的困惑，整理提升相关经验。

第六阶段：我们的感悟

在强调主动学习、探究学习的今天，培养幼儿主动探索和主动学习的意识显得越来越重要。为了拓宽幼儿的学习空间，为幼儿提供健康、丰富的生活和活动环境，培养幼儿从生活、经验和资源出发，我们和幼儿一起开展了“深海精灵——水母”主题活动。

（一）应趣而生　兴趣资源

兴趣是激发幼儿主动学习的动力，兴趣也是激发幼儿创造力的必要条件。当孩子们表现出对贝壳的兴趣以后，教师能够及时地抓住孩子们的兴趣点，帮助幼儿保持兴趣，并让幼儿在兴趣的驱使下发现新问题、解决新问题。例如，孩子们对水母的相关知识产生了浓厚的兴趣，教师就可以引导幼儿去探究“水母的身体结构”“水母的游动方式”。

（二）善于观察　获取资源

幼儿好奇、求知欲强、好模仿、喜欢新事物。教师应该抓住每一个契机，自然、及时地给予他们适当的鼓励和赞扬。通过多种多样的形式，让幼儿感知水母的特点。面对这些形状不同、颜色各异的水母，幼儿对细小部分观察得比较仔细，而且敏感。他们站在不同的角度观察到的水母形象各异，反映出孩子们丰富的想象力和表达力。

（三）动手动脑 体验快乐

“手与脑之间有着千丝万缕的联系，手使脑得到发展，使它更加明智；脑使手得到发展，使它变成思维的工具和镜子。”于是，教师便给幼儿提供了一些动手动脑的机会，如在“炫彩水母”中，给幼儿准备丙烯颜料、笔、太空泥、棉签等各种手工材料，让他们试着自己设计、创意；又如在“海底世界”中，孩子们要思考怎样才能使海底世界变得丰富多彩，在创作时需要注意细心耐心地控制自己的手部力量；再如在“哭泣的海洋”中，孩子们要注意倾听大海发出的声音，选择自己的角色，思考在音乐表演时应该什么时候发出声音，怎么配合小伙伴，唱出多大的声音。每个幼儿都是独特的个体，这些个体之间难免会存在这样那样的差异，要允许幼儿以适合自己的方式去学习和探索。只有这样，才能让每个幼儿都能体验到成功。

（四）家长参与 其乐融融

“父母是孩子的第一任老师”。这一句话指出了家长是幼儿教育中不可忽视的一部分。在“深海精灵——水母”的活动中，家长的作用不可低估，他们是儿童兴趣得以维持的重要支柱。教师通过钉钉群、微信群、电话交流等多种形式，向家长介绍活动开展的进程，让家长随时了解、适时配合教师的教学，并提供帮助，促使家长在生活中做个有心人，和孩子共同收集、记录。

（案例提供：宫婷玉）

第二节 探秘深蓝之“智动空间”

一、探秘深蓝之“智动空间”课程内容

探秘深蓝之“智动空间”课程为幼儿创设了一个充满创意和探索精神的教育环境，为幼儿提供了丰富的学习资源，以百变魔尺、STEAM/机器人、乐玩数学三类游戏化课程为载体，让幼儿在玩乐中锻炼逻辑思维和解决问题的能力，培养团队合作能力和社交技能。在这样的教育模式下，幼儿能够更好地适应未来的学习和生活挑战，为全面发展打下坚实的基础。

（一）百变魔尺

看似简单的魔尺，里面却包含无数的智慧。通过操作魔尺和枫叶魔方，幼儿在转转、变变、想象的过程中创作出帆船、轮船、潜水艇、海龟、面包蟹、水母、龙虾等形状各异的造型，感受魔尺扭转变形的无穷奥秘。在此过程中，幼儿的空间想象能力、抽象思维能力、逻辑思维能力和动手能力得到了提高，进一步体验到成功的快乐。

（二）STEAM/机器人

STEAM/机器人课程涵盖了科学、技术、工程、艺术和数学等领域的内容，旨在培养幼儿的综合素养。在活动中，幼儿不再被动接受知识，而是成为主动创造的学习者。通过亲身操作与实际体验，幼儿的动手能力得到了提升，手眼协调更加灵活，精细动作也得到了发展，更增加了耐心与专注力。船舶、潜水艇、航空母舰、海港物流集散中心等情境性的搭建主题与任务，给了幼儿自由发挥的空间，激发了幼儿的创新思维与想象力。每一个幼儿都是独一无二的小小发明家。

（三）乐玩数学

《幼儿园入学准备教育指导要点》在学习兴趣和学习能力的教育建议中提出“引导幼儿尝试用数学的方法解决日常生活中的问题”。我园认真解读《指南》中科学领域的认知目标，科学评估大班幼儿做好入学准备的数学能力发展水平，开发《玩转数学》园本课程，进行游戏情景化数学启蒙教育，让幼儿体验数学的乐趣。

二、数感培养

以下我们重点介绍一下乐玩数学课程中数感培养的内容。

（一）什么是数感

幼儿早期数学的学习路径包括三部分：一个特定的数学目标；儿童达到这个目标的发展路径；一系列帮助儿童沿着路径前进的教学活动。围绕这一学习路径，我们在深化实施数学课程的基础上，注重在游戏与表征中培养幼儿的数感。我国 2022 年新课标第一次明确地把“数感”作为数学学习的内容提出来，并且把其摆在六个核心概念中的首要位置。

“数感”是什么呢？我们看一项科学实验。在一个 6 个月大的婴儿面前悬挂三幅图：第一幅图有两个圆点，其他两幅图分别有一个和三个圆点。婴儿听到三声鼓声，随后她的目光转移到有三个圆点的图上。你如何理解这项令人吃惊的研究发现？这么小的婴儿到底是如何做到的？在直觉层面，这个婴儿已经能够觉察到数和数的变化。当继续发展并且能够与口头数的数相联系时，这种能力被称作数感。人们看到一个小的集合时，几乎能够立即判断出其中所包含的物体数量。研究显示，这是年幼儿童应该发展的一种主要能力。

（二）数感培养的重要性

数感培养对儿童早期发展有多重要？我们看一个案例：两名 3 岁的儿童正在观看游戏表演。“看！有小丑！”南南大叫。“还有三匹马！”他的朋友北北也呼喊起来。两名儿童都有了很棒的经验，北北还显现出了数学经验。这种差异可能是由于北北的老师和家人在幼儿园和家里留心讨论数字产生的。儿童对数量很敏感，同时与他人的互动对于数感养成也是必不可少的，数感并不是“靠自己”发展的。那些注意并同时感知到数量的儿童，往往在数技能上领先于其他儿童。学前阶段数感的建立需要逐步培养，其在幼儿数学学习上起到的作用就像滚雪球，越早培养，孩子们对数学的敏感度和好感度就越高。

（三）运用三维数量表征，提升幼儿数感

数感的培养并非一蹴而就的，而是需要通过多种途径和形式来培养，如通过眼耳手脚、动作、图形、绘画、数字符号等多种表征形式，让孩子在日常生活和学习中逐渐积累和深化对数量的感知与理解。我园总结出了三种表征方法，按照其抽象程度由低到高，分别为“行动表征”“图像表征”“语言符号表征”，在生活中综合运用三种数量表征方法，促进儿童数感能力的发展。

1. 动作表征

（1）行动游戏表征。动作表征是孩子数感发展的初级阶段，主要通过身体动作来感知和表达数量关系。例如，在“数字宝宝找朋友”的游戏中，孩子根据伙伴发出的数字指令，迅速找到相应数量的小伙伴组成一个小团队。这个游戏不仅锻炼了孩子们的反应能力，而且感受到了数字与数量的对应关系。

我们还利用日常生活中的一些常见物品进行动作表征。老师出示 5 个手指，孩子用跳、眨眼睛、舌头打响等不同方式来表征数字 5。这样的游戏不仅让孩子们感受到了数字的多样性，而且让他们通过自己的身体动作来理解和表达数字。

（2）手势表征。实践证明，手势对于幼儿的数学学习具有极大的促进作用。例如，当幼儿被问到 3 杯水加上 2 杯水一共是多少杯水时，他们可能并不能很好地回答。但是，如果教师在这个过程中加入手势动作，比如用手指表示杯数，幼儿的计算速度和正确率都会显著提高。这就是手势表征的魅力，它让抽象的数学问题变得具体而生动。

在日常的教学活动中，我们还运用各种手势表征来帮助孩子理解和学习数学。比如，教师可以用手势提问，比较高低、长短，辨别形状等。这些手势表征有助于孩子更好地理解抽象概念，提高他们的认知能力。

手是孩子们随身携带的最有效的学习工具，尤其是在学习 10 以内这些较小的数量时。手指操不仅能够丰富幼儿的学习体验，而且能让他们在愉快的游戏中不知不觉地提高数学能力。

（3）运动表征。运动表征是动作表征的一种拓展形式，它利用身体运动来感知和表达数字。在这个阶段，我们设计了一些与运动相关的数感游戏，让幼儿在运动中提升数感。

例如，在“数字接力跑”游戏中，我们将数字卡片放在操场上不同的位置，让孩子根据老师给出的数字指令，快速跑到相应的卡片位置，让他们在游

戏中学会数字与位置的对应关系。

我们还利用日常生活中的一些体育游戏进行数字表征。例如，在跳绳活动中，孩子们边跳边数，通过运动感知数字的变化，计数能力得到了有效的锻炼。

2. 图像表征

图像表征是孩子数感发展的重要阶段，它通过图片、图表、视觉图像等元素来表达数量关系。在这个阶段，我们注重引导孩子观察、比较和描述图像中的数量关系，从而培养他们的数感。

（1）绘本。在孩子的成长过程中，绘本的作用是不可忽视的。它们不仅可以丰富孩子们的精神世界，激发他们的想象力，而且能在日常生活中引导他们认识世界。尤其是数学绘本，更能够将抽象的数学概念生活化、故事化，使得幼儿能够更直观、更容易地理解和接受数学知识。以小班上学期“花开了，花落了”活动为例，活动明确提出了认知性、过程性能力、学习品质三维目标，帮助教师准确把握活动重点，确保教学活动的高效实施。在具体授课环节，采用分步骤的教学方式。首先是“完整阅读”，使幼儿初步了解绘本内容，为后续教学奠定基础；其次是“分页阅读”，通过点数树上开放的花朵数量、观察花朵落下的过程以及探讨花朵数量变化等问题，深入挖掘绘本中蕴含的数学元素，引导幼儿发现数学规律；最后是“集体活动”，组织幼儿进行按物点数，使他们在实践中掌握数词与所数事物之间的一一对应关系，培养手口一致的点数能力。

这种教学方法，使得原本抽象、复杂的数学知识以具体、生动的形式展现在幼儿面前，使他们能够在欣赏故事的同时，自然而然地吸收和掌握数学知识，进而将数学元素融入自己的思维中。

以此为基础，我们进一步拓展绘本在幼儿数感培养中的应用，精选了一批经典的数学绘本。例如，《十只兔子去野餐》这本书，它通过“有的兔子戴帽子，有的兔子不戴帽子”“有的兔子打伞，有的不打伞”等句式，巧妙地创设了“数的分解与组合”的学习情境。这样的绘本不仅能够吸引孩子们的注意力，还能在不经意间引导他们理解和掌握数学知识。我们观察到，很多大班孩子在看过数学绘本后，会尝试制作自己的数学绘本，这说明绘本对他们数学表征能力的提升起到了积极的推动作用。因此，我们特意为大家整理了一份数学绘本书单，希望更多的孩子从中受益。这些绘本涵盖了各种数学概念，如数字、图形、逻辑等，帮助孩子在轻松愉快的阅读过程中提升数学素养。

（2）图表。在我们的日常生活中，图表无处不在，包括实物图表、操作材料图表和数学图表等。实际上，老师组织幼儿排队时，也蕴含着图表表征的无穷魅力。

首先，让我们来看看小班孩子排队时的实物表征。在这个阶段，孩子们会按照性别分成两列，一个挨一个地站好。如果男孩的人数较多，那么队伍就会比女孩的长。通过这种实物图表，孩子们能够直观地比较出男孩和女孩数量的多少，从而提高比较和观察能力。

其次，操作材料图表更具抽象性，例如“指环日历墙”。在这个游戏中，孩子们每天都要在墙上粘上一个相同大小的纸环，周六和周日则用其他颜色进行补充。一个星期下来，墙上会有一小串纸环，最后将一个月的四小串连在一起，让孩子们直观地看到一个月、一周及双休日之间的数量关系。孩子们在此过程中不仅学会了观察和比较，而且增强了时间观念。

随着大班孩子能力的提升，他们的数学图表表征能力也有了显著的提高。孩子们尝试制作日历、天气晴雨表。在这个过程中，他们了解了日历的结构、天气变化等知识，运用数学思维进行数据的记录和统计，提升了逻辑思维能力、分析能力和解决问题的能力。

（3）视觉图像。视觉图像表征更加偏重于孩子的目测能力，这也是数感发展中的一个重要环节。对于孩子来说，视觉图像往往比单纯的数字或文字更直观、更易于理解。因此，我们在教学活动中充分利用视觉图像来帮助孩子感知数量关系。

例如，在讲解“多与少”的概念时，我们会使用颜色鲜明、大小不同的水果图片，让幼儿通过比较水果的数量和大小来理解这个概念。我们还会利用一些有趣的视觉游戏，比如“找不同”游戏，让幼儿在寻找差异的过程中，提升他们的观察力、注意力和视觉图像表征能力。

3. 语言符号表征

语言符号表征是指孩子通过口头表达、书写等方式，将数量关系转化为具体的语言或符号，从而加深对数学概念的理解和应用。

（1）教师使用语言符号表征。教师不仅要注意使用准确、清晰的语言来描述数学概念，而且要善于运用各种数学术语和符号来引导孩子理解和应用数学知识。例如，在东海龙宫建构游戏的分享环节，教师主动运用数学语言带孩子回顾搭建过程：“长方体积木不够了，你会怎么办？用什么积木来组合？为什么这样组合？龙宫要建多少层高，小朋友才能进去？多大空间才能装下武器装备？”这些问题都直指数学思考，无形中提升了孩子对数学语言的感知和应用能力。

在“分糖果”的活动中，老师请孩子们将糖果平均分给几个小朋友，并引导他们用数学语言来描述自己的分享，如“我有 10 颗糖果，要分给 5 个小朋友，每个小朋友可以分到 2 颗糖果。”这样的描述不仅让孩子们更清晰地理解了分配的过程，而且学会了用数学语言来表达自己的想法。

（2）幼儿使用特殊符号表征。在幼儿园大班，孩子们参与小组比赛活动时，他们会积极使用特殊符号进行记录，如得分、排名等。例如，在“谁是多米诺达人”的游戏中，孩子们需要具备以下三个条件才能成为多米诺达人：设计新颖、骨牌无中断、解说有创意。教师指导孩子们使用符号☆、▲、○来记录小组的表现，☆代表设计新颖，▲代表骨牌无中断，○代表解说有创意。每个小组在完成游戏后，都会根据自己的表现给自己打分，并在记录单上用相应的符号进行记录。这种特殊符号的表征方式，不仅让孩子们更直观地了解自己的表现，而且学会了用特殊符号来记录和表达信息。

游戏和表征是幼儿成长的伙伴，也是我们读懂儿童和理解儿童的途径，运用数学三维表征方法对幼儿的数学水平进行评价，其实也是教师专业成长的有力抓手，更是我们接下来还要深入研究的内容。

大班案例：原来数学可以这样玩

（一）案例背景

教育部下发的《幼儿园入学准备教育指导要点》学习能力中指出：引导幼儿尝试用数学的方法解决日常生活中的问题。我们结合 3～6 岁幼儿的年龄特点和发展规律，将数学融入幼儿的一日生活，进行了一日生活教育理念下幼儿数学教育的新探索，重视引导幼儿通过直接感知、实际操作和亲身体验获取直接的、感性的经验，逐步发展数学逻辑思维能力，以培养幼儿的数学兴趣，引导幼儿用数学的方法解决日常生活中的问题，减缓幼小衔接坡度。

（二）案例实录

1. 自主签到，智慧成长

一日之计在于晨，美好的一天从晨间签到开始。为了帮助孩子感知生活中数学的有用和有趣，发展数学认知和前书写能力，孩子们在晨检环节是这样做的。

姿怡：“我是今天的晨检小值日生，负责为入园幼儿测量体温。李悦昕 36.4℃，体温正常；王奕筱 36.6℃，体温正常……”测完的小朋友在签到表上认真地记录着自己的体温。云夕：“今天是 2023 年 2 月 6 日星期一，这是我们班的入园签到表，上面有日期和我的签名……”

2. “食”光美好，快乐进餐

美味的早餐时间开始了。梓琪：“大家好，我是今天的小小报餐员。今天我们吃的是面包、鹌鹑蛋、牛奶，每个小朋友取 1 块面包、3 个鹌鹑蛋、1 包牛奶。”孩子们有序地拿着对应数量的食物。这时，威航喊道：“老师，浩浩拿错了。”其实，每次值日生报完餐后，总是避免不了有些孩子忘记或者没有听清楚。

今天，老师提前准备好了图片放在餐车前，让孩子们仔细观察图片，并按图片上提示的数字来拿取相应数量的早点。孩子们对此活动特别感兴趣。威航看着浩浩的盘子对他说："浩浩，你取错了，是 3 个鹌鹑蛋，你取了 4 个。"经过威航的提醒，浩浩拿出来了 1 个鹌鹑蛋。威航高兴地对着浩浩说："这下就对了。"

早饭时间即将结束，孩子们陆续将吃完饭的餐盘随意堆放在餐车上。轮到钰程放餐盘时，只听哐啷一声，餐盘落地。很多吃完饭的小朋友闻声而来，纷纷抢着捡餐盘的时候，又是哐啷一声，餐盘又散落在地上。这下孩子们开始相互指责："都怪你，你推我。"

看到孩子们的表情，老师询问："餐盘为什么会散落在地上？"

姿怡："因为我们放得乱七八糟。"

老师追问："怎样才能让餐盘摆放得整齐而且不容易倒？你们观察一下餐盘上有什么？"

艺铭："有蛋壳、奶袋。"

家禾："还有一些剩饭渣。"

老师问："你们有什么办法解决吗？"

会鹏回答道："可以将奶袋放到盆里，将蛋壳放到筐子里，将剩饭渣放到一个空盘子里……"

最终，小朋友们按照物品分类进行摆放，终于找到了合适的方法。

3. 花式点名，玩转课堂

吃完早饭，孩子们都陆续搬着小椅子整齐地坐在三米线上。

心悦："老师，东昀把路口堵住了。"这时，老师发现一排坐了 6 位小朋友，便问孩子们："之前咱们约定一排坐几位小朋友呢？"思怡："5 个小朋友。""那东昀现在坐在第几个座位呢？"老师继续问。孩子们点数后发现，东昀坐在了第一排的第 6 个座位上。心悦说："东昀，你坐错了！一排坐 5 个人，你是多出来的，应该坐到第四排！"东昀重新找到了位置。孩子们一排一排坐得特别整齐，还减少了一些不必要的安全隐患。

老师："小朋友们都坐好了，现在请小值日生点名，并用'数得快'的方式来数一数今天的出勤人数吧。"

"5，10……"很快，值日生统计出了今天的出勤人数。

4. 你追我赶，趣味饮水

量的比较具有相对性，我们在喝水环节借助实际情境和操作（如合并或者拿取）让幼儿理解"加"和"减"的实际意义。今天，梓煊兴奋地告诉老师："我已经喝了 6 杯水了，要是我再喝 2 杯水，我就喝到 8 杯水了。"老师问道：

“你喝水的数量是最多的吗?”梓煊回答说:“是的!我喝的是最多的!我是第一，敏君第二!”老师继续问道:“你比敏君多喝了几杯水呢?”梓煊说:“我的喝水标志在第二排第 5 个，你看，我有 6 根小木棒。敏君的在第三排第 2 个，有 5 根木棒，我比他多 1 根。”老师竖起大拇指:“哇，你好厉害!那敏君还差几根就凑够 8 根木棒了呢?”“敏君还差 3 根，因为 8 减 5 等于 3。”梓煊骄傲地说。

5. 餐后散步，巧妙过渡

散步环节又有哪些生活中的数学呢?我们一起看看孩子们是怎么玩的。

在散步环节，老师和幼儿正在玩“老狼老狼几点了”的游戏。老师组织小朋友们 5 人一组，并提醒他们当听到 12 点钟时，5 个小朋友要跑到同样颜色的两个呼啦圈里站好。

孩子们开始 5 人一组地结队。

子墨:“荣祖，快来我们组吧。”

荣祖:“你们组几个人了?”

子墨开始点数:“已经 5 个人了，要不然咱俩去浩文组吧。”

这时，珉珉说道:“子墨，你走了我们组的人数就不够了……”

孩子们在交流和反复验证中终于组队成功了。

组队成功后，游戏开始了。当说到 12 点钟时，同一组的孩子们开始找相同颜色的呼啦圈。有时一个圈里 3 个人，另一个圈里 2 个人;有时一个圈里 4 个人，另一个圈里 1 个人……

老师带领孩子们互相观察，并提出问题启发孩子们进行思考:“每组是否有 5 个人?5 个人一组，分到圈里有什么不同?”孩子们相互交流着。

6. 户外活动，创意无限

又到了户外活动的跑酷时间。“哇，这么多器材。今天我们要为小朋友们搭建‘翻山越岭’的障碍物，该怎么摆呢?”依泽说。“随便放。”臣臣的话音刚落，大家异口同声地说:“不行。”“那这样摆吧，1 个绿色标志桶、一个红色标志桶，1 个绿色标志桶、一个红色标志桶……就这样一直排列，怎么样?”依泽说。大家一致赞同。

“还可以按照 1 个高的标志桶、2 个矮的标志桶的规律摆。”大家又点点头。看来大家都有自己的想法啊，怎么统一呢?

这时，臣臣说:“我们三个人分别用不同的材料摆，怎么样?”“好呀。”大家同意了。

于是，三位小朋友开始忙活起来。依泽:“我是按照平衡球的颜色，一个粉、一个绿、一个粉、一个绿的规律摆放的。”程程:“我是按照跳圈的大小，两小一大、两小一大的规律摆放的。”臣臣:“我是按照平衡木的高矮，一高一矮、一高一矮的规律摆放的。”孩子们为三位小朋友鼓起了掌。依泽：“我宣布，我们的翻山越岭活动正式开始啦！”

7. 以“动”制动，有序离园

放学时间到了，“挑战一分钟”的游戏闪亮登场了，看看谁能够在一分钟内完成穿衣、背包、排队的任务吧。“18、19，老师，我先整理完，我最快，我只用了 19 个数。”道炫兴奋地喊道。“老师，我也整理完了，我第二，我用了 23 个数。”……孩子们依次完成了挑战，美好的一天在孩子们忙碌的身影中落下了帷幕。

（三）案例反思

1. 源于生活，注重幼儿的直接经验

幼儿园的生活教育注重随机性和自然性。《指南》中指出：幼儿的学习是以直接经验为基础，在游戏和生活中进行的。案例中，幼儿在早餐结束送盘子环节出现了盘子散落在地的情况，我们没有急于纠错，而是基于幼儿现有的生活知识经验，引发幼儿思考“盘子为什么会掉落”，最大限度地支持幼儿自主、自发、全身心地去发现问题、解决问题，引导幼儿在一次次解决问题的过程中，成为积极主动的“自我指导的学习者”。

2. 融入生活，促进幼儿的全面发展

幼儿园生活教育的场景，需要聚焦于“真实、身边、日常”。我们将周边有教育价值的“日常”因素，如时钟、日历、计数棒等融入活动中，引领幼儿融入生活、回归自然，用自己的身体和感官与真实的、富有生活气息的自然环境进行对话，在生活中习得，在操作中积累“原体验”，发展积极主动、不怕困难、认真专注、勇于探究、团结合作的良好学习品质和能力。

数学来源于生活，生活是数学的宝库，在幼儿数学学习生活化的实践中，我们鼓励幼儿主动探索，在已有数学知识的基础上，将数数、计数、统计、分类及加减运算等数学知识渗透于幼儿一日生活环节，综合运用数学小游戏，让孩子在生活小游戏中感知数学、运用数学、与数学游戏。

（四）案例评析

1. 基于《指南》，引发学习

《指南》中明确指出：幼儿的发展应该贯彻在一日生活中，要最大限度地支持和满足幼儿通过直接感知、实际操作和亲身体验获取经验的需要。“一日生活中的数学”活动正是在《指南》精神的指引下，建立在幼儿身心发展特点基础之上，引导孩子在与“有准备的环境”对话的过程中观察、发现、探究、创造，获得快乐、启迪智慧，促进幼儿身心和谐发展。

2. 搭建“鹰架”，支持探究

鹰架只有发生在学习者的最近发展区之内才能真正有效。当幼儿在活动中遇到了比较棘手的问题，无法推进的时候，教师能通过敏锐、深入地观察，理解幼儿的想法和现有经验水平适时介入，充当幼儿的“脚手架”，鼓励幼儿大胆猜测与假设，支持幼儿观察与验证，引导幼儿记录和整理信息，帮助幼儿形成新经验，提供机会让幼儿充分交流，促成幼儿经验的迁移，或者对幼儿当前的思考予以点拨，助推幼儿体验探究的过程，促进幼儿探究兴趣、探究能力的发展。

3. 幼儿自主，贯穿始终

从幼儿的生活要有节律感、呼吸感、生长感出发，从“问题解决”“高阶思维”“自主学习”“知识创新”视角深度探索。在整个活动过程中，幼儿表现出强烈的“好奇”“好问”“好探究”，通过提出问题、观察探索、思考猜测、尝试验证、合作交流等方法寻求解决策略，最终合力解决问题。这正是一个高质量学习探究过程的展现，充分体现了幼儿在整个活动中高度自主的深度学习，在获得多领域知识经验的同时，认识自己的力量并进行有意义的自我建构。

（五）案例延伸与迁移

以“生活中的数学”为基点，依据《指南》数学认知目标下“幼儿典型性表现与要求”，将数学认知目标与数学核心经验一一对应，帮助教师了解每个数学活动所蕴含的核心经验，迁移到集体活动、区域活动、家园活动中，构建完整的数学学习体系。

1. 根据幼儿的年龄特点及数学核心经验，精选学习内容，创设情境丰富、趣味横生的游戏化数学活动，使幼儿在轻松、愉快的氛围中获得数学知识和经验。

2. 在区域游戏中，我们通过激发游戏兴趣、科学投放材料及教师观察解读来提升幼儿的游戏水平。

3. 制订“生活与数学”家庭版指导表格，方便家长和幼儿在家庭中进行数学学习，形成家园合力。

（案例提供：刘晓华）

第三节　探秘深蓝之“百艺工坊”

文化自信是一个国家、一个民族发展中最基本、最深沉、最持久的力量。我们将中华民族的文化瑰宝与幼儿园的课程相结合，生成了“百艺工坊”课程。

在“陶艺坊”，我们投放了电窑炉、拉坯机、转盘、白陶泥、红陶泥、各色釉料等专业陶艺工具和材料。孩子们从简单的玩泥巴开始，逐步了解了烧制、塑胚、上釉等技艺。在毕业季，孩子们以充满创意的方式，将亲手制作的陶泥作品以拼图形式粘贴在幼儿园的墙面上。有的孩子还用泥巴捏制出九条龙的精彩故事。这些活动既培养了孩子们的创造力和艺术审美能力，又让他们在指尖的艺术实践中感受到了中华文化的深厚内涵，激发了对民族文化的自尊心和自豪感。

在“诗画坊”，特邀威海市书法家协会、画家协会、诗歌协会、京剧协会的艺术家们担任特聘顾问。通过他们的专业指导，孩子们能在浓郁的艺术氛围中接受文化的熏陶和培养。

在“线绳坊”，我们提供了纺车、线绳、小木棒、串珠、羽毛、花篮等材料，既能促进孩子手部精细动作的发展，又能提升审美能力。

在“花饽饽工坊”，幼儿学习制作胶东花饽饽。孩子们亲手揉面、塑形、上色，创作出形态各异、色彩缤纷的花饽饽，不仅锻炼了动手能力，而且感受到了胶东非物质文化遗产的传统魅力。

我们还将剪纸、扎染、绘制京剧脸谱等民间传统艺术融入“百艺工坊”课程，让孩子们在动手操作中，了解并传承中华民族优秀的传统文化，培养他们的民族自豪感和文化自信。

探究式课程：水墨印象

（一）主题活动由来

“水墨”是我国民族文化的一大瑰宝，在中国绘画史上占据着特殊的地位。它源远流长，历史悠久，有着深厚的文化底蕴。

在今天的小记者播报环节，悦悦小朋友带来了绘本故事《小蝌蚪找妈妈》。打开书的第一页，小朋友们睁大了眼睛，满脸疑惑地问：“这怎么没有颜色?”“怎么和我们平时看到的图画不一样啊?”……

奕辰：“我知道，我在国画兴趣班画这种画，这叫水墨画，是用墨画出来的。”

小树：“我也看见过墨，在爷爷写毛笔字的时候。”

孩子们你一言我一语地讨论着，对“墨”表现出浓厚的兴趣。于是，我们开始了对“墨”的探究旅程。

（二）主题活动目标

1. 对“墨”产生浓厚的探究兴趣。

2. 在探索的过程中能发现问题、提出问题并积极寻找答案，解决问题。

3. 喜欢中国传统艺术“水墨画”，探索各类水墨画工具材料的特点，初步掌握水墨画的基本画法，体验水与墨调和时产生的无穷变化。

（三）主题活动脉络图

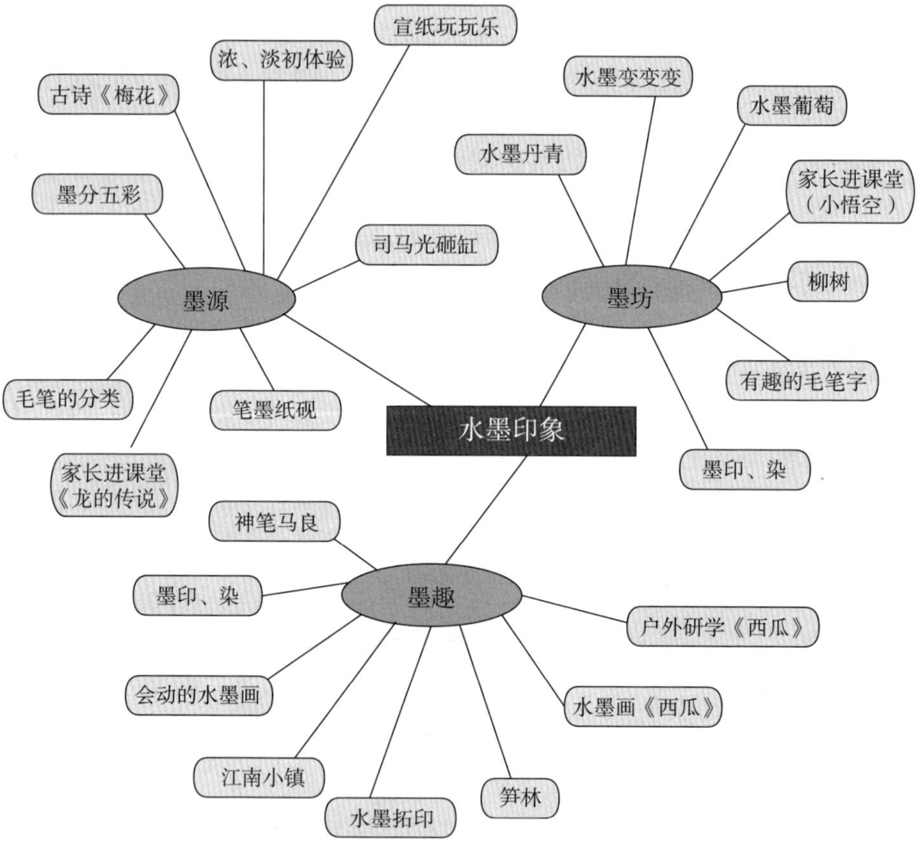

1. 墨汁初体验

为了亲身感受墨的神奇，在班级的国画区，孩子们开始了对墨的初体验。闻一闻，原来墨的味道是臭臭的，还有点刺鼻。看一看，颜色是黑色的，像是黑水。摸一摸，凉凉的。

在体验环节中，孩子们通过看一看、摸一摸、闻一闻，了解了墨汁的气味、颜色等，初步感知了墨汁的部分特性。孩子们在摸到墨的那一刹那，发出了感叹，一边摸一边说："哇，太神奇了，墨是从哪儿来的呢?"对于墨的来源，孩子们无比好奇，各抒己见。

2. 墨从哪里来

管彤：工厂加工出来的。

浛嵛：用黑色颜料加水兑出来的。

可爱：从章鱼嘴里吐出来的。

琛琛：我看见我爷爷好像是用一个黑色的东西磨出来的。

艺嘉：那个黑色的东西是什么呀？

老师：你看那个黑色的东西是这个吗？

琛琛：嗯嗯，就是它，但是我不知道它叫什么。

老师：这是墨锭，让我们一起看看吧！

3. 文房四宝

（1）墨与砚。

子硕：老师，这个墨锭像是一根被烧黑的棍子。

大航：老师，这怎么用啊？难道要泡水？

子金：老师，我用了很大的力气都掰不碎。

琛琛：我刚在纸上画了一下是黑色的，我们用的是一种液体，怎么变成墨汁？

孩子们认为要先敲击下来，再泡水，然后再磨。为了验证猜想，孩子们纷纷上网查阅资料。看了视频后发现——不用敲，也不用泡，加水磨就行。

可爱：那圆圆的是什么？

老师：这可是墨锭的好朋友呢，叫砚台。现在我们有四大名砚，分别是端砚、歙砚、临洮砚和澄泥砚。其质地坚固，能够长时间保存，是历代文人喜欢珍藏的物品呢。

管彤：老师，砚台用来干什么的？

看着孩子们一脸茫然，我就找了一些视频资料给大家看。原来，砚台是用来磨墨的工具。孩子们了解了墨锭和砚台的关系后，都迫不及待地想亲自研墨了。我们先准备好墨棒、水、砚台，然后在砚台上加水，拿起墨棒用适当的力气磨，过一段时间就出现墨汁了。

（2）墨与水。

磨出墨汁后，小朋友看着这些墨汁提议说：不能浪费啊，我们可以用这些墨汁画画。

子淇：怎么那幅画颜色浅，这幅画颜色深？

霏霏：那个浅浅的颜色是颜料加了水吗？

为什么会出现这种现象？小朋友们开始动手体验墨的浓淡。原来，随着水的增多，墨的颜色会越来越淡。

（3）墨与纸。

过了一个周末后，朵朵带来一幅画，又勾起了小朋友们的探索欲望。

小树：正面反面一样啊。

陆岩：这纸还挺软。

婉儿：这是什么纸？

朵朵告诉大家：这是国画专用纸——宣纸。我看我们区域里就有啊，我给你们找出来。

于是，小朋友们通过摸纸、看纸、嗅纸、研究纸，一步步揭开了宣纸的神秘面纱。

子淇：这纸张好透啊，能透过光。

大航：我闻到一股塑料味，还有纸的味道。用水试试，看看会怎么样？这么能喝水，还挺重的！还能挤出水，像洗衣服一样。

小朋友纷纷说：难怪我们之前看到的画的两面都有老虎，原来用的是生宣，好神奇啊！

（四）主题活动过程实录

第一阶段：墨源

活动一：浓、淡墨初体验

墨汁滴入水中后慢慢散开。孩子们一起静静欣赏，惊叹连连！

奕辰：这些墨细细的，像长头发。

管彤：墨散开以后，像花一样漂亮。

子硕：哇！看起来像龙卷风一样，还在转呢！

奕辰：好像在下黑色的暴雨，全部都变成黑色了！

子金：像火山喷发一样，下面的墨是火山，上面是喷出来的褐色岩浆。

管彤：就像水母在游来游去。

怎样把这些神奇的画面留下来呢？孩子们找来墨的好朋友——宣纸，自制墨迹图。墨在水中变化无穷，将宣纸轻轻盖在水面上，然后小心翼翼地取出，水墨的自然纹理出现在纸上，神奇的墨迹图新鲜出炉！水墨的深、浅、浓、淡让孩子们展开天马行空的想象，这也是水墨所表达出来的独一无二的神奇韵味。

活动反思：

《指南》认为：教师应善于发掘孩子感兴趣的事件、游戏和偶发事件中所隐含的德育价值，抓住机会，正面指导。本次活动主要让幼儿初步体验水墨画的浓、淡美，引导幼儿在生活中更好地认识水墨。

活动二：会动的水墨画

活动目标：

（1）在欣赏水墨画的基础上，能运用不同工具进行染、拓印、画、吹等水墨游戏，并根据图案想象添画。

（2）感受作品画面的造型美。

（3）体验水中作画的游戏乐趣。

活动准备：

PPT课件、宣纸、水墨、擦手布、盘子、水、滴管、喷壶等。

活动过程：

（1）谈话。

果果：这个点点为什么这么大？

艾米：因为这是水墨画。

果果：什么是水墨画？

艾米：水墨画是使用水和墨一起画出来的画。

（2）水墨大变身，引导幼儿初探借形想象。

①教师介绍材料。

师：小朋友们，你们知道这些材料叫什么吗？那你们知道这些材料都是怎么使用的吗？

②选择自己喜欢的水墨工具进行创作。

提出要求：盆里的水不用太多，滴墨时不要着急，观察墨在水里开花的奇妙景象。水墨工具和材料轻拿轻放。

③问题的提出。

师：有的小朋友的画纸破了，为什么画纸会破？往水盆里滴墨有什么技巧？水盆里的墨晕染后，是怎么印在宣纸上的？

（3）分享、展示（图21）。

师：你的作品叫什么名字？你是怎么创作的？水墨画创作太有趣啦，你还有什么样的想法与创意？

活动反思：

本次活动主要是让幼儿运用不同的工具进行水墨创作，并大胆地在水墨的基础上进行借形想象，感受创作的乐趣，体验成功的喜悦。在水墨"借形想象"的绘画活动中，教师积极为孩子们创设自由宽松的环境，充分发挥孩子们的主导作用。对于孩子们创造性和想象力的培养也是这样，要充分发挥孩子们的主观能动性，反之矫枉过正地指导，就会束缚孩子的思想，阻碍其想象力的发挥。

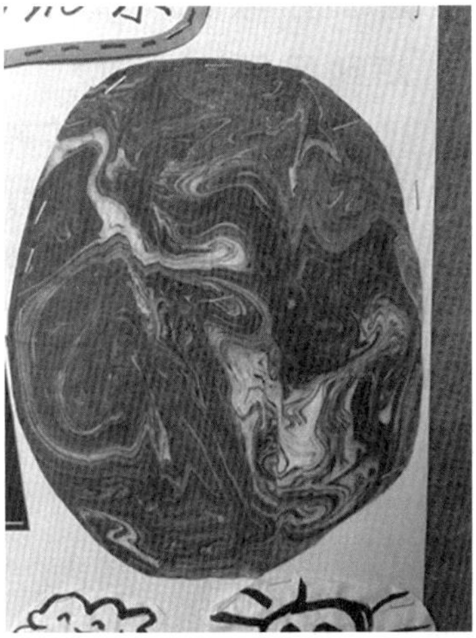

图21

活动三：宣纸玩玩乐

活动目标：

（1）认识生宣和熟宣，并探索、体验其吸

水性强的特点。

（2）了解宣纸着色部位和其涂胶水部位形成对比的有趣现象。

活动准备：

卡纸、打印纸、宣纸、胶水、颜料、画刷、纸巾。

活动过程：

（1）认识并探索作画材料。

教师出示卡纸、打印纸、宣纸、胶水等材料。

师：看，这是什么，你知道吗？宣纸到底是什么呢？让我们一起来感受一下吧。

（2）感受不同纸的吸水性。

师：你知道宣纸和卡纸、打印纸、折纸的区别吗？

分别在四种纸上画一个小圆点，滴上一滴酒精，观察变化（圆点在宣纸上晕染开了）。

（3）幼儿动手操作。

铺好画纸，用彩色画出一朵花，点上酒精，一朵漂亮的花就晕染开了（可以几种颜色重叠在一起哦）。花朵画完了还可以添上叶子、蝴蝶等。

（4）分享、欣赏。

请幼儿上前分享自己的作品，讲一讲作品的名称，是用哪些方法制作的，还可以用到哪些材料、哪些方法进行创作。

（5）小结。

宣纸不仅能用来写字、作画，而且和酒精用在一起，也是一种艺术美。

活动四：家长进课堂《龙的传说》

活动目标：

（1）理解故事内容，了解水墨相关知识。

（2）愿意对绘本内容进行思考，养成良好的阅读、表达能力。

（3）领会故事中蕴含的寓意和哲理。

活动准备：

故事 PPT、视频。

活动过程：

（1）故事导入。

家长：小朋友，你们知道图片上的是谁吗？今天我给你们带来了好听的绘本故事《龙的传说》。

（2）结合 PPT，讲述故事。

当遇到毒蛇猛兽的攻击时，村民们有没有退缩，是怎么做的？

哪位神仙下来帮忙？这个方法有什么利弊？

后来又想了什么主意？哪些动物组合成一种新动物？

（3）结合故事做出模仿动作。

家长做出故事中龙的相关动作，并让幼儿分辨。

（4）说说故事给我们的启发。

（5）引导幼儿根据学到的知识，自己创编故事和动作。

活动五：毛笔的分类

活动目标：

（1）理解故事内容，了解故事中毛笔的作用。

（2）了解毛笔的由来、种类及用途。

（3）注意倾听同伴讲述。

活动准备：

各种毛笔，有关毛笔历史、种类的视频一段。

活动过程：

（1）出示毛笔，谈话导入。

师：看！这是什么？你们知道它的名字吗？（毛笔）今天毛笔想去郊游，它会遇到什么事？我们一起来看看。

（2）讲述《毛笔流浪记》的故事，帮助幼儿了解故事情节。

讲完图一后提问：毛笔遇到了谁？想干什么？出现了谁？为什么毛笔想帮忙，而铅笔叫它走开？毛笔的心情会怎样？

讲完图二后提问：图上有谁？他在干什么？为什么设计师手里的铅笔也叫毛笔走开呢？毛笔的心情又会怎样？

讨论：我们来帮帮毛笔，想想毛笔有什么用处？

讲完图三后提问：最后毛笔开心吗？为什么？

（3）结合实际讨论毛笔的由来、种类及用途。

师：你知道毛笔的历史吗？你知道毛笔可以分成哪几类吗？

（4）看视频了解毛笔的由来、种类及用途。

（5）毛笔游戏。

师：你们喜欢毛笔吗？你们会使用毛笔吗？用我们的身体动作模仿毛笔写写、画画。

活动反思：

带领幼儿学习用毛笔写字，再次深入探索毛笔。在整个活动中，给予幼儿较宽松的氛围，教师充当了幼儿的支持者、合作者、引导者，用心倾听幼儿的表述，并及时梳理小结。

第二阶段：墨坊

活动一：水墨变变变

（1）什么是水墨画。

周末，我们进行了户外研学活动。家委会的成员们带领孩子们参观了美术馆，领略了水墨画的艺术盛宴。

可爱：我在美术馆里看到了齐白石爷爷画的《虾》。

浛嵛：我喜欢有荷花的那幅画，就是用墨画的，有的颜色黑黑的，有的颜色没有那么黑，还有粉色的荷花。

奕辰：对，这种画我也会画，我爷爷教我的，我会画房子。

教师：小朋友看到的画叫作中国水墨画，笔墨纸砚是中华民族的优秀传统文化。

子硕：老师，水墨画不都是用墨画的吗，为啥有的画上还有颜色？

教师：对呀，水墨画颜料不止有黑色，朱红、湖蓝、三绿、鹅黄，这些也是水墨画颜料。

（2）初探水墨画。

①教师出示作画材料，幼儿欣赏。

②请幼儿动手尝试，运用不同颜色创作水墨画。

（3）幼儿自主作画，教师巡回观察。

活动延伸：

请小朋友回家和爸爸妈妈一起创作水墨画，探索水墨的更多奥秘。

活动二：水墨葡萄

活动目标：

（1）观察葡萄实物，了解葡萄的结构特点。

（2）喜欢水墨画，能较形象地绘画葡萄、叶子及藤蔓。

（3）增加对艺术创作的兴趣。

活动准备：

墨汁、颜料、毛笔、颜料瓶、调色盘、画纸。

活动过程：

（1）教师出示葡萄实物若干，引导幼儿观察葡萄的外形特征。

师：小朋友，我手上的这串葡萄看上去是什么形状？你能用语言形容一下吗？一颗颗的葡萄在藤蔓上是怎样排列的？

（2）出示范画，引导幼儿探究绘画方法、步骤。

①引导幼儿仔细观察画面上的葡萄、葡萄叶、藤蔓，猜想它们是用毛笔的什么位置画出来的。

②引导幼儿仔细观察画面上都用了哪些色彩，教师讲解、演示葡萄色彩的调和方法。

③教师与幼儿一起梳理绘画步骤。

（3）与幼儿共同梳理绘画水墨画时应该注意的问题。

①涮笔时，避免水溅到外面。

②注意绘画的葡萄粒大小要均匀。

（4）展示作品，互赏、互评。

①播放轻音乐，请幼儿将自己的作品粘贴在展览板上，创设“葡萄园”情境，组织幼儿互赏、互评，与幼儿一起从作品的色彩、外形及整体布局等方面评价。

②鼓励幼儿想象，还有哪些水果可以用画葡萄的方法绘画，如荔枝、山楂、苹果等。

活动反思：

教师采用情境教学法导入，让幼儿“进入”葡萄园，充分了解葡萄的生长环境、风土人情及新疆歌舞的特点。在教师示范环节，引导幼儿先画占纸面积大的地方，最后画小的部分，引导幼儿看清教师的绘画方法。如：画叶子用毛笔的什么部位？画叶子梗的时候，应该笔的什么部位画？

活动三：有趣的毛笔字

活动目标：

（1）了解毛笔字的基本知识，能正确握笔，掌握毛笔字的基本笔画。

（2）通过游戏和趣味活动，提高对毛笔字的兴趣和热爱。

（3）通过练习，提高毛笔字写作能力。

活动准备：

墨汁、毛笔、毡子、水杯、趣味游戏道具。

活动过程：

（1）导入：欣赏毛笔字。

老师引导幼儿了解使用毛笔字的常见场景。比如，画家在创作、诗人写诗、商店铺面招牌等，感受美好的毛笔字艺术。

（2）讲解毛笔字的基本知识。

教师向幼儿讲解毛笔的结构和用法，并演示如何拿笔、如何控制笔力和形态、如何调节墨汁的浓度。

（3）字形练习。

幼儿根据笔画的基本构造和组合，进行字形练习。教师在黑板上写出一些常见的字形，幼儿模仿书写。

（4）自由发挥。

①幼儿可自由发挥，书写自己的名字、小句子、祝福语等。

②教师提供素材，如节日的祝福语、春联、寓言故事等，激发幼儿的创作能力。

活动反思：

在整个过程中注意观察，及时进行反馈和指导，帮助幼儿更好地掌握笔画和写字技巧。在活动结束时，鼓励幼儿之间相互欣赏和分享自己的书法作品，增强自信心和成就感。同时，也可以提出改进意见，帮助幼儿不断提高。

第三阶段：墨趣

活动一：水墨拓印

水墨画，是中国传统文化的精华，让幼儿从小接触和学习水墨画，有利于幼儿加深对中国传统文化的认识，还可以提升幼儿的艺术修养，陶冶情操。根据小班幼儿的年龄特点，可以以拓印方式进行水墨画趣味学习。拓印的纹理纹样，可以让幼儿充满遐想，让幼儿作画变得更好玩、更有趣！下面一起来看看我们的奇妙水墨拓印乐园吧！

奕辰：你看这幅画，像不像一个胡萝卜？

大航：对呀，我这就是用胡萝卜印上去的。

艾米：不对，如果是胡萝卜印上去的，怎么还有绿绿的叶子？叶子看上去像是画的。

嵘旖：老师，这到底是怎么画的呀？真好看。

教师：小朋友，你们看这是什么？其实呀，生活中的茭白也能发挥水墨创意呢，猜一猜我手里的这个茭白怎么画出漂亮的水墨画？

大航：噢，老师，我知道了，是不是切开后蘸上墨，然后印在纸上？

教师：说得对，你们太聪明啦！那你觉得这个茭白可以画什么样的水墨画？

孩子们展开了丰富的想象，有的说可以画虾，有的说可以画鱼。带着这些猜想，我们继续探索着。

教师：小朋友，除了茭白，老师这里还准备了许多蔬菜，比如西兰花、白菜根、土豆等。你们猜我准备画什么？胡萝卜和荷兰豆完美结合，摇身一变就成了一幅美丽的画。还可以变出更多不同的画，请尽情发挥你的想象力吧！

活动二：神笔马良

活动目标：

（1）理解神话故事的基本内容，能简单讲述故事。

（2）感受马良精湛的绘画技术及其纯真朴实的性格。

活动准备：

多媒体课件，纸、笔人手一份。

活动过程：

（1）出示“马良”形象，引出主题。

师：小朋友，今天给你们介绍一位新朋友，你们猜他是干什么的？

师：他呀，有个好听的名字——马良。你们猜对了，马良是一位小画家，可是别人画画都是用画笔，马良用的是什么？为什么呢？

（2）边看动画边讲故事，理解故事内容。

师：马良喜欢帮助哪些人？可是画师和当官的怎么做的？他们这样做对不对？为什么？对于马良的做法，你是怎么想的？你觉得马良是个什么样的孩子？如果你遇到了马良，你会不会借给他一支笔，为什么？这是一支什么笔？有什么神奇的地方？

（3）边提问边讲述，引导幼儿大胆猜测。

师：马良画了哪些小动物？发生了什么不寻常的事？马良用笔帮助了谁？你觉得马良做得怎么样？

（4）幼儿画画，续编故事结局。

师：如果请你用这支神笔来对付这些可恶的大官和官兵，你会画什么呢？

请你把自己刚才想的东西，像马良一样画下来，让大家看看你都想出了什么好办法。

（5）迁移幼儿生活经验，引导幼儿大胆讲述。

师：你做过哪些好人好事，你愿意用自己的长处来帮助别人吗？你们都有哪些本领，可以怎样帮助别人呢？

活动反思：

第一次学习欣赏民间文学作品，幼儿被马良的作品惊呆了，知道毛笔能画出栩栩如生的物品。更重要的是，孩子们欣赏时发出的阵阵惊叹声、掌声，说明孩子们是喜欢绘画的，活动的开展是有价值的。孩子能大胆讲述马良是个乐于助人的孩子，也让这样的好品质在孩子心中播下美好的种子。

第四阶段：主题活动资源

1. 幼儿园资源（表 22）

水墨画是众多艺术形式中的一种，有着不可言喻的意境美，隐含了很多中国的传统文化，同时也更贴近大班孩子欣赏、绘画的经验和水平。“水墨印象”是一次以水墨画为主题的系列活动，通过关注幼儿的经验、需要和困难，在帮助幼儿了解水墨画、认识和熟悉水墨画的工具和材料、学习水墨画用笔和用墨方法的过程中，轻松、愉快、循序渐进地培养幼儿对水墨画创作的兴趣，领略水墨画的独特魅力。幼儿感受着水墨的无穷奥妙，体验着墨与彩碰撞而发生的变化，提高发现、感受和表现美的能力，萌发了对水墨画的喜爱之情和审美情趣。

表 22 “水墨印象”幼儿园资源汇总表

环境创设	①对文房四宝进行解析，创设“墨源”次主题墙。 ②打造专属“墨坊”主题活动墙。粘贴孩子们的绘画作品、毛笔的分类、水墨情等。 ③搜集各种各样的水墨图片、物品等，参观国画展，了解著名的国画大师，创设“墨趣”等。
材料投放	①阅读区：《汉字的小时候》《我画甲骨文》《中国画欣赏》等绘本。 ②美工区：墨水、墨条、砚台、宣纸、水粉、毛笔。 ③建构区：“江南小院”“徽派建筑”等主题搭建材料。 ④表演区：“小蝌蚪找妈妈”“歌唱英雄王二小”“淘气的金丝猴”等主题表演道具。

2. 家长资源

在开展“水墨印象”主题活动过程中，我们一直关注幼儿的兴趣点，随着幼儿的兴趣点找到最适合孩子们阅读、演出的故事。在活动的开展中得到了许多家长的支持，如积极为孩子们的演出准备活动材料。

班级合理利用好“家长”这个教育“活资源”，通过班级群给家长们展示孩子的作品、讲故事的视频和精彩的表演等，帮助家长进一步了解孩子对于主题活动的喜爱程度，以及这个主题给孩子带来的提升。

午睡时，王老师会为孩子们讲水墨电影的故事情节，许多家长也纷纷加入了故事会中，利用美好的晚间时光陪孩子们观看经典的水墨电影，大大增进了亲子关系。在一系列的活动中，我们都能看到家长参与的身影，在培养亲子关系的同时，也推进了课程的进程（表 23）。

表 23 "水墨印象"家园互动表

活动内容	家庭参与形式	家庭的角色和作用	家园联系目的
谈论"文房四宝"	调查表	①墨和砚的探索 ②填写"文房四宝知多少"调查表	帮助幼儿整理相关资料，对"文房四宝"有初步的了解
搜集水墨作品	亲子操作	①在家里或者外面搜集水墨作品，以拍照、拿实物等方式展示给小朋友看 ②体验亲子活动的乐趣	增强家长与幼儿之间的交流、讨论、创意和合作
毛笔的秘密	资料调查	①毛笔的分类 ②毛笔的使用方法 ③毛笔从哪里来	丰富幼儿对毛笔的了解
各种各样的宣纸	亲子互动	①宣纸从哪里来 ②生宣和熟宣的区别	了解生宣、熟宣的不同作用，知道生宣吸墨性强，熟宣更适合写小楷及创作工笔画
墨分五彩	亲子互动探究	带领幼儿探索墨分五色——焦、浓、重、淡、青	知道墨和水的共同作用
赏画——走进书画展	亲子互动探究	①走进书画展，我有新发现 ②疑问大揭秘	加入、支持幼儿的活动，做幼儿成长过程中的助力者

第五阶段：我们的感悟

1. 捕捉兴趣点

《指南》指出：幼儿能用多种工具、材料或不同的表现手法表达自己的感受和想法。中国画的笔墨千变万化，意蕴深远。作为中国的孩子，更应该了解中国传统文化的魅力与精神。因此，我们以水墨画为活动内容，让幼儿自主尝试、操作，在轻松愉快的氛围下掌握水墨画的基本技能。墨汁是大部分孩子不曾接触过的物品，对于陌生的事物，孩子们的探索欲望是很强的。幼儿最好的学习方式就是亲身体验、直接感知，于是我们创造条件，提供材料，让幼儿在看一看、闻一闻、摸一摸的过程中感知墨汁的特性。《指南》的艺术领域从感受与欣赏、表现与创造两个方面强调让幼儿欣赏多种艺术形式和作品。欣赏也是一种感受，是更深入的感受，而创造也是一种表现，是更独特的表现。"感受与欣赏"是"表现与创造"的前提，艺术教育就应该从"感受与欣赏"入手，在此基础上进行"表现与创造"。在此基础上，让孩子们大胆创作，提升幼儿的审美意识和创造美的能力。当墨汁滴入水中后，放入宣纸便会形成各种图案，如同飘逸的长发、弥散的烟雾、多姿的白云……千变万化，其乐无穷！在整个主题活动过程中，孩子们探索欲望强烈，有浓厚的学习兴趣。在美工区，孩子们用喜欢的方式，如绘画、泥工来表现喜爱的人物；在表演区，伙伴们合作制作演出海报，在演出当日穿上演出服进行表演；建构区的小朋友合作搭建了美丽的江南建筑。在这次班本课程主题活动中，幼儿的兴趣浓厚，能够用墨汁书写并绘画出属于自己的水墨作品。当他们看到自己的绘画作品时，获得满满的成就感。小朋友探索水墨画的旅程还在继续，他们的兴趣仍然浓厚，我们和笔墨的故事还在继续上演。

2. 把握探索点

在活动中，教师针对不同的主题，采用了不同的活动形式，有集体活动也有区域活动，充分挖掘水墨文化的教育价值。课程形式多种多样，有的从儿歌入手，有的从歌曲入手，有的从揭秘背后的故事入手。在探索水墨的过程中，我们发现“墨”在我们的日常生活中随处可见，除了绘画作品中有墨，茶壶、衣服、手帕上有水墨，连饭店里的包子上也是水墨图案呢。小朋友从家里搜集了很多墨，还带来了一样神奇的东西——墨条。那墨和墨条又有着怎样的关系呢？加点清水，用力均匀，慢慢地转圈研磨，磨到墨汁浓稠为止。通过自己亲身体验研磨的过程，孩子们和墨进行了亲密接触，对用墨进行游戏充满了期待。

3. 创作深入生活

每个孩子都是天生的小艺术家，从不同主题、不同角度描绘多彩的内心世界，感受画面墨色的变化。每个孩子心中都有一支神奇的画笔，画出梦想、画出希望、画出自己眼中最美的世界。如绘画西瓜、葡萄、江山图、纸伞等，这些形象都是孩子们在生活中经常接触到的。孩子们在水墨的天地中肆意挥洒。除此之外，我还经常用一些名家的故事来引导幼儿观察作品，比如齐白石的《虾》。这次精彩纷呈的水墨之旅，是孩子们对中国清新淡雅的水墨文化的感受和体验。经过本次班本课程的开展，孩子们收获的不仅是创作的乐趣，而且是对中华优秀传统文化的初识和喜爱。故事还在继续，水墨萦绕在笔间，期待下一次与水墨的相逢。

（案例提供：赵媛媛、宋玮）

第五章

海纳团队，共守海纳教育根基

第一节　海纳教师——用诗心和匠心成就教育之美

教育既要脚踏实地，又要仰望星空。“成就教师”是做好教师队伍建设的基本理念。支持教师在自主意识上的回归、自主行为上的跟进、自主评价上的内化，使教师成为自主发展的先行者，使每个人都悦纳自己，最终成为独一无二的自己。打造“四径”管理文化，打造风清气正的工作氛围。静，是定静生慧，万物静中长的工作氛围；净，是教职工向善向美的纯净心灵；敬，是同伴合作、师幼互动中尊重的态度、有礼的表达；境，是最终形成的海纳百川、静水流深的氛围，是“勤劳有序、自在欢喜、礼仪治家、自然自立”的团队文化。

为了促进教师的专业发展，我们开展树形工程，为教师规划两条成长路径：实习教师—助理教师—主教教师，这是基础执教能力，培养的是教师的带班能力；达标教师—教坛新秀—骨干教师，这是教科研能力的提高，培养教育名师。为此实施五味教师成长计划，搭建多元平台，支持教师成就最好的自己。

一、师德有味，助推队伍精神内核

悦纳教师核心价值观：自我实现，与人为善，和谐共赢，推己及人。一是制作《九龙湾最美教师言行手册》。以美的教师仪态、美的教师言行、美的教师仪容来约束教师行为，规范教师的文明举止。二是列举问题清单。列出“保教管理、家园沟通、同伴合作”三项问题清单，针对问题开展整改活动和培训会。三是发起“九龙湾最美代言人”活动，激发教师的自豪感和荣誉感。四是开设解忧杂货店。针对教师平日工作压力大的问题，通过填写心理应激测量表、体验时光隧道、悦己咖啡等丰富多彩的解压和心理疏导活动，让教师们看见自己、接纳自己、鼓励自己、遇见更加美好的自己。

二、科研知味，助推教师专业素养

教师成长和园所发展需要有力的抓手。我们通过科研助力教研，推动教师专业化成长。一是课题引领，走上专业之路。通过课题研究工程，为教师树立“问题即课题，教学即研究，成果即成长”的科研意识，培养研究型教师。二是基地园所，立足领先行列。我们是威海市幼小衔接项目核心实验园、北师大实验幼儿园基地培育园、山东省学前教育教研基地（威海）成员单位。这三项市级、省级基地园建设项目也为我们的教师成长提供了更广阔的平台和机遇。三是专家领航，拓宽专业视野。教师的文化自觉不可能自发地产生，需要以正确的理念为指导。我园常年与省市专家保持联系，邀请他们为教师进行培训授课，让他们成为教师职业生涯中的一盏明灯、一个航标。四是主题项目式教研，支架教师专业成长。幼儿园始终坚持以课题为抓手，以课程建构与教师专业成长一体化为发展思路，以“支架教师的专业成长”为原动力，以教师在教育教学中遇到的系列真问题为研究对象，通过对精准聚焦教研问题、探索动态适宜路径、寻找多元科学策略等不同方面的研究，逐步形成具有九龙湾幼儿园特色的主题项目式园本教研模式。

主题项目式园本教研重点关注引导教师对问题开展真实探索与研究，在教研活动过程中关注教师解决问题的深度与广度，在活动结束后重视教师新经验的形成及其在后续实践中的运用。

主题项目式教研由六个要素组成，以提高园本教研活动的有效性，形成相对固化、可借鉴、可复制的园本教研活动范式，为幼儿园解决课程及教学中的不同问题提供了多种可选、可用的方案，促进了园本教研活动问题解决的实效性，更提升了园本教研活动的高效性与科学性。

（一）蝴蝶振翅——主题项目式园本教研的主题产生

形式主题项目式园本教研这一研究模式主要是因为幼儿园在建构园本课程、发展园本课程并形成园本课程的过程中需要解决许多新问题。在课程建设过程中，教师遇到的问题有的是旧理念与新思潮带来的冲击与挑战，有的是教师原有教学方法与课程实施产生的矛盾。

问题即课题。我们鼓励教师依据兴趣生成微课题，但是一个微型课题所涉及的范围、所研究的内容都是有限的，如果把几个有一定内在关联的微课题融通起来打“组合拳”，不仅可以积小成大，还可以产生“合金”般的力量。所以我们将教师生成的微课题进行归类，形成学习共同体抱团研究，最终整合成主题项目式教研专题。例如，在一日生活中，教师依据教育实际生成了几个微课题，如“如何在晨间活动中培养幼儿的计划性”“如何引导幼儿在自主游戏前制定游戏计划”等，我们将这些微课题进行整合，提炼成为“幼儿一日生活中的计划性培养”的项目式教研主题。

（二）抽丝剥茧——主题项目式园本教研的目标聚焦

黎巴嫩著名诗人纪伯伦有一句话：“我们已经走得很远，可是偏偏忘了从何出发。”园本教研要做出成效，必须要有明确而精准的目标。教研目标是教研推进过程中的指南针，本园的主题项目式园本教研在推进过程中，分为项目的“阶段性目标”和“单次目标”。单次教研要能“一次教研解决一个问题”的目标，经过多次教研最终实现阶段性目标。这样的设定能确保周期较长的主题项目中各个活动的有效性，也能持续促进教研的全面性。例如，针对“幼小衔接视角下幼儿学习品质培养策略的实践与研究”课题，我们确立了主题项目式园本教研的阶段性目标与单次目标。

阶段性目标	好奇好问	学习习惯	学习兴趣	学习能力
单次目标	1. 保护幼儿的好奇心和主动性	1. 支持幼儿专注地完成任务	1. 为幼儿接触自然提供机会	1. 保护幼儿的前书写兴趣
	2. 支持幼儿持续的探究	2. 鼓励幼儿独立思考	2. 培养幼儿的倾听与表达能力	2. 引导幼儿用数学办法解决日常生活中的问题
	3. 为幼儿提供动手操作的机会	3. 引导幼儿有计划地做事	3. 培养幼儿的阅读兴趣和能力	3. 提高幼儿的阅读能力
	……	……	……	……
实施路径	生活活动、游戏活动（自主游戏、区域游戏……）、集体教育活动、主题活动			
学习品质	积极主动、专注力、坚持性、敢于探究、勇于尝试、想象力、创造力、计划性、抗逆性……			

每一个单次目标又根据教研实际需求，可以分解为N个子目标。例如，以“如何将数学融入一日生活”为单次目标，教师将其分解为多个子目标，比如数学如何融入“晨检”“进餐”“户外运动”“饮水”等环节。通过这样系统性教研的助推，最终形成教研成果。教师的经验总结《原来数学可以这样融入一日生活》《“数”你最棒》均发表在《中国教育报学前周刊》上；两名教师在市级幼小衔接会议上做《玩转数学》经验交流和《原来数学可以这样玩》公开课展示。

(三) 沙里世界——主题项目式园本教研的内容确定

一粒沙里看世界，半瓣花中说人情。主题项目式园本教研的内容不是来自某一个现成理论、某一个抽象概念，而是来自教师的实践现场，来自园本课程建设与课题研究过程中遇到的问题或困惑，通过数次民主与集中筛选形成的教研活动内容，这种内容具有典型性与窥斑见豹的可能性。

我园从三个方面确定教研内容。第一个方面来自落实上级引领性政策文件与教师实际工作的有效链接；第二个方面是管理者根据之前的调研、访谈收集教师需求初步拟定内容，将其进行线上公示，倡导教师集思广益，挖掘更多、更细化的内容形成草案开展教研；第三个方面是课程与课题研究中心再次分析来自教师层面的问题的价值与适宜性，从中选出促进项目目标达成的内容，并设计出新的教研内容替换原来的预设内容，形成成熟且具有可行性的项目式园本教研内容。如以“关于幼儿自主游戏，您有哪些实践与思考”为题，对教师进行访谈，在了解教师真实的问题与困惑后，生成项目式教研内容。

（四）多元形式——主题项目式园本教研的方法类型

在一个项目教研周期中，基于问题连续预设系列活动时，会出现有的园本教研活动需要着重于解决当前的突出问题，有的则需要重点解决传递先进理论或优质理念的问题。这种问题性质的多样性使园本教研活动方式需要多元化设计与创新，才有可能确保教研方式与教研内容的匹配，提高并促进教研质量。我们在主题项目式教研周期中，根据不同的问题产生了会场式教研、情境式教研、剧场式教研等多种不同的园本教研活动方式。丰富的园本教研方式保证在一个项目式园本教研周期中，各子活动的多元化、有效性及趣味性。

举例来说，通过“专家问诊式教研”解决方向性和政策性问题。威海市教科院专家团队每月听取幼儿园研究阶段性汇报，理顺研究方向；我园是北师大保教质量提升工程基地园，北师大专家团队每年也会入园根据我们的需求进行研训一体的教研。“联合式教研”解决跨学段问题，我园与九龙湾小学结成幼小双向衔接联合共同体，定期开展同课异构、教师跟岗、环境观摩等活动，实现幼小双向衔接一体化。“观摩式教研”解决经验性问题。如在观摩区域活动时，教师发现小班幼儿正在串珠子、撕纸片，中班幼儿在生活区玩系扣子、编织游戏，大班幼儿在玩绣工、翻花绳……通过观摩，教师得到启发，研发出了教育策略并撰写文章《关于前书写，这所幼儿园有妙招》，并发表在《中国教育报学前周刊》上。

此外，“会场式教研”解决理论性问题，“沙龙式教研”解决关键性问题，“情境式教研”解决普遍性问题，“辩论式教研”解决争议性问题，“剧场式教研”解决具体问题，“故事性教研”解决经验性问题等。丰富的园本教研方式保证了教研的有效性及趣味性，并达成教师团队一定的专业共识，实现了教师的专业成长。

（五）着力行走——主题项目式园本教研的评价

园本教研不是在云端舞蹈，而是要贴地行走。评价是一把量尺，园本教研求真务实，就要关注教研的评价，关注火热的教育现场，关注鲜活的教育行动。为了科学地开展项目，每一次教研活动后，我们都对当次活动的情况进行分析评价，从问题解决程度、教师需要的达成率、后续活动的必要性等多方面进行现场访谈、问卷调查、跟踪回访等，确定下一次活动开展的必要性及针对性。

（六）聚沙成塔——主题项目式园本教研的资源体系

开展一个活动，完成一个项目，留下一份完整的过程性资料，可以为后期深入开展活动提供可分析研究的资料，也可以为他人开展活动提供可借鉴的可视经验。将一个项目式园本教研活动的资料进行收集整理，就形成了一个独立的项目式园本教研资源包，也形成了幼儿园项目式园本教研资源总结体系。在长期的教研引领下，我园形成了园本教研资源体系，其中包括“资源运用体系”和“资源收集体系”。资源运用体系涵盖了人才资源、场地资源、信息资源、媒介资源等多方面的资源运用体系。资源收集体系则为后续的教研及新教师教研能力培养提供了参考和指导。

主题项目式园本教研不但促进了教师的专业成长，还实现了课程建构与教师专业成长一体化，也实现了园所教研的可持续发展。

三、学习品味，助推队伍持续发展

杨绛先生说：“生活中所有的烦恼都是因为我们读书不多而想得太多。”教师专业成长最直接有效的路径就是读书。教师不爱读书怎么办？不爱读书那就听书。我们实施富脑工程，开设《书里书外》喜马拉雅读书专栏，目前已经录制了136期节目，每位教师都成为最美阅读推广人；开设“一庭百合香”教师成长课堂，包括必修课程和选修课程，对教师成长需要的各方面必备技能进行全面系统培训。

四、故事寻味，助推队伍内涵建设

教学写作可以带领教师走出简单重复的工作，推动教师从一个“埋头教书匠”成为“理性的实践者”，从“知识搬运工”变为“教育的创造者”。所以我们倡导教师撰写教育故事，促进教师加深对知识的沉淀、对教育的认知和对孩子的情感。去年，我们教师撰写的游戏案例《小英雄大情怀》在全市游戏案例分享会上做经验交流；《东海龙宫》游戏案例参加首届山东省游戏案例评比，获得一等奖。今年，又有一个游戏案例被市教育局选送省教科院参评。

五、我的滋味，助推队伍自我发展

制作个性化教师成长档案，做最有味道的教师。我最满意的一节课，我最得意的一次家访活动，我最努力的改变……一次次难忘的回忆在教师成长的路上留下最美的印记。

第二节 海纳家园——办人民满意的教育

幼儿园将家园社协同育人工作作为园所品牌建设的亮点工程进行规划与实施，树立全环境立德树人理念，密织社会育人融通网，在市教育局、市妇联的引领下，与社区、周边企事业、省区市 13 所联谊园和帮扶园建立全环境育人共同体，形成“有组织、有制度、有内容”的“家园社政研”五位一体协同育人模式。整合利用各种教育资源，开发节日主题、传统文化主题、乡土文化主题等系列研学一体的主题课程，催发家园社三方内生动力，共同为幼儿的发展创造全环境、全场域育人生态圈。

全面落实习近平生态文明思想，厚植“绿色发展”理念，在《保育教育质量评估指南》的引领下，以评价为导向，以家委会和家长学校建设为抓手，探索多元化家园共育工作模式与路径。

一、家长学校实施卓越父母养成工程

在家长学校方面，实施线下线上深度融合的卓越父母养成工程，积极构建符合教育规律和学段特征的家园社共育课程。培养优秀的家庭教育指导教师，同时吸纳有水平、有情怀的家长、社会人士共同组建家庭教育宣讲团，对家长和社区居民进行常态化、课程化的家庭教育系统指导，深入进行全员、全程、全方位、全场域育人模式的策略研究。

（一）唤醒自主学习意识，更新家长理念

多年来，我园一直在实践家园共育，但在实际操作过程中遇到了不少的问题：家长普遍较年轻，在教育观念更新和转变的进度和频率上很难达成一致；对“共育”的认可度、参与度参差不齐；不清晰自己在共育过程中的角色、定位。而家园共读为家园社协同育人提供了新契机。

一“唤醒”。教育的境界不是靠外部的规范，而是靠内在的动力。但在实际调查中我们发现，不少家长不愿意读书、不想读书，甚至不屑于读书，并为此找到很多的借口和托词——没时间、没心情、没作用、没关系。阅读能力是一个人终身学习的基础和最大本钱。“父母”这个职业是我们永远不能辞职的职业，是世界上最需要学习成长的职业。每一个问题孩子的背后一定有一个或一对问题家长。作为家庭教育工作者，我们不可能持续地指导每一组家长，只有唤醒家长的读书意识，明确“家长岗位职责”的意义，由“他培”变为“自培”，才有可能促进家庭教育更好的自主发展。

卓越父母养成工程通过举行家长读书启动仪式、家长读书笔记展选、家委会赠书、书香家庭评选等途径，唤醒家长读书的愿望。在一本本育儿专著的引

领下，家长们开始学会自省自育、自耕自学，读书成为促使教育生命不断绽开花蕾的“源头活水”。

二“引领”。每月推荐阅读一本书，如九月《幼儿园家长手册》，十月《最美的教育最简单》，十一月《爱和自由》，十二月《儿童情绪心理学》等。全体教师与家长共读共享、同步学习。开展“家长读书沙龙”“读书分享辩论会”等活动，由经过培训的家庭教育指导师引领家长一起学习、一起交流、一起分享。

三“扶持”。重点扶持在学习中积极、认真的优秀家长担当班级读书活动主持人和班级读书小组组长，以家长带动家长学习。

（二）提升自主学习能力，打造学习共同体

将家庭教育作为一个有明确学习目标、有具体学习内容、有丰富活动依托的整体工程来做，形成教师、家长、幼儿同学习、共成长的良好氛围。

1. 集中与分散相结合，让家长的学习“全员覆盖”

我们每年都举办隆重的“启动仪式”，面向新小班全体家长阐明读书活动的意义，明确活动的目标要求，吸引、鼓励家长们到园参加集体学习。但“园内集中学”往往需要占用家长白天的时间，而许多家长因为家庭、工作的原因并不能经常入园。于是，我们化整为零，让班级家长自愿结为 3～4 个读书小组，每组 6～8 人。每组建读书小群，选读书组长一名。组长根据每月推荐的阅读书目制订阅读计划，确定每天的阅读章节，每周小组协商选定活动地点，开展一次“小组读书沙龙”。小组化的读书沙龙让学习从校内走向校外，让有不同职业特点、对学习时间安排有不同要求的家长都有机会参与学习。

2. 线下与线上相结合，让家长的学习“全线优化”

一是“线下活动，线上组织”。采用网上打卡签到的方式，提醒家长朋友每天在固定的时间完成相应的学习内容。二是“线上学习，线下分享”。学而不思则罔，思而不学则殆。怎样将读书感悟与自身教育实践相结合，真正让阅读所得应用于家庭教育理念转变和行为指导呢？我们启动“相约星期二”线下家长读书交流活动，每周一次集中分享自己在阅读中遇到的难点，交流亮点，分享成功的家庭教育经验做法与困惑。

3. 讲座与读书相结合，让家长的学习“相得益彰”

家庭教育讲座的现场互动性好、感染力强，而读书活动则有着时间和地点选择自由度大、对照深入反思效果好等明显的优点，是一种对于广大家长朋友来说更为方便并易于长期坚持的学习方式。两种方式各有特点又有着比较好的互补性，因此，我们在开展家庭教育的过程中坚持两者并重，根据每月阅读图书中的重难点开展“蒲公英讲堂”，邀请由教育局、妇联的家庭教育工作专家、热心家庭教育的优秀家长、幼儿园教师组建的“家庭教育宣讲团”，每月定期进行家庭教育讲座。将讲座内容与读书内容实行互补，用专家引领去解决自我读书中遇到的困惑和问题，全面培养家长的家庭教育理念。

例如，我们和家长共读了《儿童情绪心理学》这本书。通过前半部分的阅读，家长对儿童的情绪变化有了一定的了解。为了进一步提升家长情绪管理的能力，我们为家长们举办了一期“如何帮助孩子做好情绪管理”的讲座，帮助家长提高教育能力。在整本书后半部分的阅读中，家长们在孩子们出现负面情绪时常常手足无措，不知如何应对，于是我们又举办了一期“如何消除孩子消极情绪”的讲座，去帮助家长解决教育难点。

为了针对家庭中的问题进行深入系统的学习，在全面推进家庭读书计划的基础上，我们加入了“中国儿童基金会润童成长”家庭支持计划，以家长的抗逆力等五大保护因素作为指导框架，构建了八大主题课程。每周两次，每次邀请20组家庭，以实操性演练的方式，为家长提供可持续的、系统性的、公益的家庭教育服务性课程，让家长逐渐在生活中体会和实践积极养育的理念和方法。

“卓越父母养成”工程立体化地构建了家庭教育学习网络，拓宽了家长们的视野，开启了家长们的智慧。每学期阅读结束时，我们都会举行隆重的表彰活动，对于能做到学期内坚持阅读，认真书写阅读笔记或感想的家长，会由孩子亲自为家长颁发“优秀父母上岗证”。家长们的参与性极高，每年获得率均在90%以上。如今，做“快乐而有智慧的父母”成了家长们追求的目标。此项活动既让家长通过读书提升了自己，又让幼儿园在前行的旅程中有了更多家长的陪伴，让家园之间的关系更为和谐融洽。幼儿园和家庭为孩子的健康成长携手努力，并肩前行，互助共赢！

二、家委会启动多元化的家园社共育项目，激活家长的教育潜能

家委会方面成立家长彩虹社团，借助“家长亲子团”“家长义工团”“家长艺术团”“家长助教团”四大社团，实施四团式分工、四团式协作，充分发挥家长的专业优势和资源优势，将可持续发展的思想落实在管理、教育、教学、建设的四位一体模式中，提升“生态文明”素养。

（一）“家长亲子团”——交往平台

幼儿园以威海地区自然资源、社会资源、物质资源为依托，打造了“悦读威海”研学系列课程，成立“家长亲子团”。通过幼儿园、家庭、社会之间的有序互动、补充整合，将孩子的学习由教室搬到了大自然中。解决了在当下“安全为重”的大背景下，幼儿园和学校不能带孩子出校门实践学习的问题，发挥其协同教育功能，为孩子们提供具有深远教育意义的文化探索和发现之旅，做最温暖的全域教育，为幼儿的发展奠基。

（二）“家长义工团”——爱的传递

教育是一场爱的接力，场上是我们可爱的教师，场外有我们可敬的家长。老师们平日里忙碌的身影和对孩子们细心的照顾深深地打动了家长。家长们自发组织成立了“家长义工团”，配合幼儿园巡视周边安全情况，维护园门口的交通秩序及家长接送孩子时的秩序；园里举行大型活动时，总会看到他们默默奉献的身影；疫情防控期间，有的家长自发往幼儿园送消毒水、爱心口罩等物资；放学时，有的家长会提前五分钟来园，举起班牌，帮助维护秩序；有的家长在下雪后帮助幼儿园清扫积雪……“家长义工团”让热心的家长们成为园所建设的合作者，家长们工作时的情景已经成为我园一道亮丽的风景线。

（三）“家长艺术团”——成长体验

园里组织一批有热情、技艺精、爱思考的家长骨干成立家长艺术团，协助幼儿园开设特色课程，如剪纸、书法艺术、摄影剪辑、美食制作等，既丰富了幼儿园的活动课程，又帮助班级教师进行环境创设，成为幼儿园最好的助力。幼儿园走廊环境大换新的时候，艺术团的家长们利用业余时间走进幼儿园，和老师们一起为孩子们营造温馨有爱的环境……惊蛰时节，艺术团组织“惊蛰吃梨”活动，通过现场观看冰糖炖雪梨，孩子不仅知道了惊蛰节气有吃梨的习俗，也知道了吃梨对身体的好处。在此过程中，孩子们学习了制作美食的方法，体验了制作美食的乐趣，品尝到了美味的食物。

（四）“家长助教团”——家园共育

每个家长来自不同的行业，有着不同的工作、专业技能和特长爱好，这是一笔丰富的教育资源。为弥补教师在其他专业领域的不足，“家长助教团”作为一种新型的家园共育方式，受到老师和幼儿的青睐。每周五，家长们走进课堂，和孩子们一起探索各行各业的奥妙。家长们严谨认真的教学态度、栩栩如生的案例讲解、别开生面的实地训练、有别于一贯的幼儿园教学，令孩子们兴趣盎然、大开眼界。助教活动有利于家长深入了解幼儿园的一日生活常规，关注孩子与老师的交往互动和孩子在集体中的表现，也大大增进了家长与幼儿园、教师、孩子之间的情感。家长在与幼儿园共育的过程中，更加了解幼儿园的办园理念，家园共育得到深层次的发展。